中国社会科学院国情调研特大项目"精准扶贫精准脱贫百村调研"

精准扶贫精准脱贫百村调研丛书

CASE STUDIES OF TARGETED POVERTY REDUCTION AND
ALLEVIATION IN 100 VILLAGES

李培林／主编

精准扶贫精准脱贫
百村调研·金山村卷

烂山变金山的富裕之路

韩 缙 李 静／著

社会科学文献出版社

SOCIAL SCIENCES ACADEMIC PRESS (CHINA)

中国社会科学院国情调研特大项目
"精准扶贫精准脱贫百村调研"
项目协调办公室

主　任：王子豪
成　员：檀学文　刁鹏飞　闫　珺　田　甜　曲海燕

总　序

　　调查研究是党的优良传统和作风。在党中央领导下，中国社会科学院一贯秉持理论联系实际的学风，并具有开展国情调研的深厚传统。1988 年，中国社会科学院与全国社会科学界一起开展了百县市经济社会调查，并被列为"七五"和"八五"国家哲学社会科学重点课题，出版了《中国国情丛书——百县市经济社会调查》。1998 年，国情调研视野从中观走向微观，由国家社科基金批准百村经济社会调查"九五"重点项目，出版了《中国国情丛书——百村经济社会调查》。2006 年，中国社会科学院全面启动国情调研工作，先后组织实施了 1000 余项国情调研项目，与地方合作设立院级国情调研基地 12 个、所级国情调研基地 59 个。国情调研很好地践行了理论联系实际、实践是检验真理的唯一标准的马克思主义认识论和学风，为发挥中国社会科学院思想库和智囊团作用做出了重要贡献。

　　党的十八大以来，在全面建成小康社会目标指引下，中央提出了到 2020 年实现我国现行标准下农村贫困人口脱贫、贫困县全部"摘帽"、解决区域性整体贫困的脱贫攻坚目标。中国的减贫成就举世瞩目，如此宏大的脱贫目标世所罕见。到 2020 年实现全面精准脱贫是党的十九大提出的三大攻坚战之一，是重大的社会目标和政治任务，中国的贫困地区在此期间也将发生翻天覆地的变化，而变化的过程注定不会一帆风顺或云淡风轻。记录这个伟大的过程，总结解决这个世界性难题的经验，为完成这个攻坚战献计献策，是社会科学工作者应有的责任担当。

2016 年，中国社会科学院根据中央做出的"打赢脱贫攻坚战"战略部署，决定设立"精准扶贫精准脱贫百村调研"国情调研特大项目，集中优势人力、物力，以精准扶贫为主题，集中两年时间，开展贫困村百村调研。"精准扶贫精准脱贫百村调研"是中国社会科学院国情调研重大工程，有统一的样本村选择标准和广泛的地域分布，有明确的调研目标和统一的调研进度安排。调研的 104 个样本村，西部、中部和东部地区的比例分别为 57%、27% 和 16%，对民族地区、边境地区、片区、深度贫困地区都有专门的考虑，有望对全国贫困村有基本的代表性，对当前中国农村贫困状况和减贫、发展状况有一个横断面式的全景展示。

在以习近平同志为核心的党中央坚强领导下，党的十八大以来的中国特色社会主义实践引导中国进入中国特色社会主义新时代，我国经济社会格局正在发生深刻变化，脱贫攻坚行动顺利推进，每年实现贫困人口脱贫 1000 多万人，贫困人口从 2012 年的 9899 万人减少到 2017 年的 3046 万人，在较短时间内实现了贫困村面貌的巨大改观。中国社会科学院组建了一百支调研团队，动员了不少于 500 名科研人员的调研队伍，付出了不少于 3000 个工作日，用脚步、笔尖和镜头记录了百余个贫困村在近年来发生的巨大变化。

根据规划，每个贫困村子课题组不仅要为总课题组提供数据，还要撰写和出版村庄调研报告，这就是呈现在读者面前的"精准扶贫精准脱贫百村调研丛书"。为了达到了解国情的基本目的，总课题组拟定了调研提纲和问卷，要求各村调研都要执行基本的"规定动作"和因村而异的"自选动作"，了解和写出每个村的特色，写出脱贫路上的风采以及荆棘！对每部报告我们都组织了专家评审，由作者根据修改意见进行修改，直到达到出版要求。我们希望，这套丛书的出版能为脱贫攻坚大业写下浓重的一笔。

中共十九大的胜利召开，确立习近平新时代中国特色社会主义思想作为各项工作的指导思想，宣告中国特色社会主义进入新时代，中央做出了社会主要矛盾转化的重大判断。从现在起到 2020 年，既是全面建成小康社会的决胜期，也是迈向第二个百年奋斗目标的历史交会期。在此期间，国家强调坚决打好防范化解重大风险、精准脱贫、污染防治三大攻坚战。2018 年春节前夕，习近平总书记到深度贫困的四川凉山地区考察，就打好精准脱贫攻坚战提出八条要求，并通过脱贫攻坚三年行动计划加以推进。与此同时，为应对我国乡村发展不平衡不充分尤其突出的问题，国家适时启动了乡村振兴战略，要求到 2020 年乡村振兴取得重要进展，做好实施乡村振兴战略与打好精准脱贫攻坚战的有机衔接。通过调研，我们也发现，很多地方已经在实际工作中将脱贫攻坚与美丽乡村建设、城乡发展一体化结合在一起开展。可以预见，贫困地区的脱贫攻坚将不再只局限于贫困户脱贫，我们有充分的信心从贫困村发展看到乡村振兴的曙光和未来。

是为序！

李培林

全国人民代表大会社会建设委员会副主任委员

中国社会科学院副院长、学部委员

2018 年 10 月

前　言

　　精准扶贫精准脱贫，是党的十八大以来，以习近平同志为核心的党中央为确保全面建成小康社会，实现中华民族伟大复兴的中国梦，所开创性提出的重大方略。从全国范围的实践经验看，有着科学、系统、高效等显著特征的精准扶贫精准脱贫方略，不仅推动真扶贫、扶真贫、真脱贫全面落实，更是以其恢宏气势和丰硕成果，向历史、向世界交出一份震古烁今，充满"中国力量"的史诗级治贫答卷。

　　贵州省扶贫开发工作历来自带"焦点"属性。多年来，素有"八山一水一分田"之称的贵州省总面积虽仅有 17.62 万平方公里，却是贫困人口多、贫困区域广、贫困程度深三大矛盾交织的典型代表，汇集着诸多堪称"国家级"乃至"世界级"的治贫难题，是全国脱贫攻坚主战场。党的十八大以来，贵州省以习近平扶贫开发战略思想为指导，坚持把扶贫开发作为第一民生工程，从两大方面全力推动精准扶贫精准脱贫方略的实施。

　　一是加快各项政策措施的配套完善，并鼓励各地联系实际灵活创新。如出台《中共贵州省委贵州省人民政府关于坚决打赢扶贫攻坚战确保同步全面建成小康社会的决定》（黔党发〔2015〕21号），并形成"1+10"配套文件[①]；出台《贵州省大扶贫条例》，并形成"1+4"配套文件[②]；出台《中共贵州省委办公厅贵州省人民政府办公厅关于印发〈贵州省"33668"扶贫攻坚行动计划〉的通知》（黔党办发〔2015〕13号），并形成"1+6"配套文件[③]；等等。在此过程中，贵州省还逐步总结提炼出"四看法""六个到村到户""十项行动"等颇具贵州特色的精准识别、精准帮扶措施，各地更推出不少颇具地方特色的扶贫"品牌"，如"晴隆模式""长顺做法""印江经验""塘约经验"等。正是通过强化对制度措施的制定完善，以及鼓励各地因地制宜持续创新探索，贵州省的脱贫攻坚工作得以保持强大活力，并平稳、高效地实现推进。

二是通过"组合拳"行动逐一破解脱贫攻坚"硬骨头"。2017年起，贵州省委、省政府先后组织开展春季攻

[①] 10个配套文件分别指：《关于扶持生产和就业推进精准扶贫的实施意见》《关于进一步加大扶贫生态移民力度推进精准扶贫的实施意见》《关于提高贫困人口医疗救助保障水平推进精准扶贫的实施方案》《关于进一步加强农村贫困学生资助推进教育精准扶贫的实施方案》《关于全面做好金融服务推进精准扶贫的实施意见》《关于开展社会保障兜底推进精准扶贫的实施意见》《关于进一步动员社会力量对贫困村实施包干扶贫的实施方案》《关于加强少数民族特困地区和人口数量较少民族发展推进精准扶贫的实施意见》《关于充分发挥各级党组织战斗堡垒作用和共产党员先锋模范作用推进精准扶贫的实施意见》《贵州省贫困县退出实施方案》。

[②] 4个配套文件分别指：《贵州省扶贫对象精准识别和脱贫退出程序暂行管理办法》《贵州省脱贫攻坚工作督查实施办法》《贵州市县两级党委和政府扶贫开发工作成效考核办法》《贵州省脱贫攻坚问责暂行办法》。

[③] 6个配套文件分别指：《贵州省贫困县党政领导班子和领导干部经济社会发展实绩考核办法》《贵州省扶贫开发领导小组关于建立贫困县约束机制的工作意见》《关于进一步动员社会各方力量参与扶贫开发的意见》《贵州省公募扶贫款物管理暂行办法》《关于建立财政专项扶贫资金安全运行机制的意见》《贵州省创新发展小额信贷实施意见》。

势、夏季大比武和秋季攻势，部署实施了以农村公路"组组通"为重点的基础设施建设、易地扶贫搬迁、产业扶贫以及教育医疗住房"三保障"等四场硬仗，从而形成前后关联、主题鲜明的治贫"组合拳"[①]。始终着力于制度机制的建立健全、保持高位强势推动，同时鼓励各地在完成"规定动作"的基础上，因地制宜探索"自选动作"，推动贵州省广阔的扶贫战场始终呈现"人人奋力、县县争先"的火热场景，并取得令世人瞩目的佳绩。①贵州贫困规模大幅度缩小。农村贫困人口数量从 2012 年的 1019 万人减少为 2018 年的 155.1 万人，贫困发生率从 2011 年的 33.4% 降低为 2018 年的 4.3%。此间，贵州省贫困县从 66 个减少到 33 个。②贵州省农民人均纯收入实现显著增长。农民人均纯收入由 2012 年的 4753 元上升到 2018 年的 9716 元。66 个贫困县的农民纯收入由 2011 年的 3153 元上升到 2016 年的 7693 元[②]。2016 年、2017 年、2018 年在国家级脱贫攻坚成效考核中，贵州均处于"第一方阵"，创造了全国脱贫攻坚"省级样板"。党的十九大召开期间，习近平总书记曾充分肯定贵州省"脱贫攻坚成效显著"。

2016 年底，中国社科院组织开展的国情调研特大项目——"精准扶贫精准脱贫百村调研"项目启动。该项目拟在全国范围内选取兼具代表性和典型性的 100 个贫困村（含一定比例脱贫村）作为调研对象，开展村级国情调研。

---

① 孙志刚：《在全省脱贫攻坚表彰暨秋季攻势总结电视电话会议上的讲话》，2017 年 12 月 26 日，贵州省扶贫办提供。

② 数据来源：贵州省扶贫办。

调研内容主要围绕村庄贫困治理情况展开，并对村情村貌、主要致贫成因、减贫历程和成效以及扶贫行动参与者等进行专题性研究。显然，这是一场及时且极富深远意义的科研盛会。其不仅充分响应时代呼唤，引导更多的社会科学工作者积极行动起来，以"解剖麻雀"的手法，全面观察分析我国贫困区域诸多富有典型性、代表性村庄的精准扶贫精准脱贫进程，更是能从微观角度深入系统地分析总结各地在践行精准扶贫精准脱贫方略中的经验与成绩、失败与教训。相信这一同时段、全画幅囊括全国东西南北村庄治理贫困进程的系列研究行动，能为中央进一步把握全国脱贫攻坚脉搏，推动新的系列重大决策提供有力佐证或参考。

本书基于该项目支持，选择贵州实施精准扶贫精准脱贫方略以来的普通村级代表之一——地处滇黔桂石漠化区的贵州省长顺县金山村，开展历时 3 年的调研撰写而成。

目　录

第一章

下乡调研

第一节　调研样本村的选取背景

在申请中国社科院"精准扶贫精准脱贫百村调研"项目，并选取调研村时，课题组曾主要对地处乌蒙山区的织金县和地处滇黔桂石漠化区的长顺县做重点考虑，这两个县均属国家扶贫开发工作重点县。在与两县扶贫部门反复沟通了解情况后，课题组最终选择了长顺县白云山镇金山村①，主要原因如下：①该村属于传统少数民族聚居村落，对于贵州省脱贫攻坚研究具有一定代表性；②该村属于省

① 2017年6月之前，金山村名为"烂山村"，"金山村"是驻村同步小康工作组基于美好寓意而向长顺县政府提出的更名建议，并于同年6月通过黔南州民政局同意。2019年11月，国家扶贫开发信息系统也正式确认使用"金山村"地名。

级一类贫困村,且计划于2018年"摘帽",在冲刺出列过程中信息量可能相对较大。

　　隶属于黔南布依族苗族自治州的长顺县位于贵州省中部,黔南州西部,距省会贵阳市50公里,距州府都匀市150公里。长顺县属于苗岭山系,苗岭分水岭横亘县北部,致县境内河流分属长江和珠江两大水系。长顺县总面积为1543平方公里,其中岩溶面积达1469.53平方公里。全县辖5镇1乡1街道82个村(社区),总人口26万人,少数民族人口占57%。从国家扶贫区划看,长顺县处于滇黔桂石漠化集中连片区和黔南"三山"贫困地区中的麻山腹地,属新阶段扶贫开发重点县之一。就经济社会发展水平而言,2016年,长顺县完成地区生产总值52.97亿元,500万元以上固定资产投资完成45亿元,规模以上工业增加值完成15.5亿元,一般公共预算收入完成3.5亿元,农村常住居民人均纯收入达8369元,城镇常住居民人均可支配收入达24088元;森林覆盖率达57%,常住人口城镇化率达48.2%,人口自然增长率为6.15‰,全面小康实现程度达94.3%[①]。长顺县处于黔中经济区、黔中核心城市群、贵安新区重要拓展区和黔南"一圈两翼"贵惠长龙环贵阳城市经济带,是黔中经济区中离省城贵阳最近的国家级贫困县。

　　土地资源贫瘠的长顺县有着较长的治贫历史。1986年1月,长顺县即组建第一期扶贫工作队,并分赴15个边远贫困乡镇开展扶贫工作。同年,长顺县委、县政府决定把

---

① 数据来源:《长顺县政府工作汇报》,2017年1月5日。

发展烤烟生产作为振兴长顺经济、兴县富民的一项重要措施，开创出全县产业化扶贫先河。

1987 年，国家"八七"扶贫攻坚计划开始实施，长顺县被列为国家重点扶持贫困县之一。此后，长顺县利用国家政策，集中力量开展以水利、交通、土地整治和农田基本建设等为主的基础设施建设，并积极结合县内丰富的农业资源推进农村产业结构调整，有力推动全县扶贫工作向前发展。

2001 年，长顺县被确定为国家新阶段扶贫开发重点县。至此，长顺县围绕解决贫困群众的基础生产生活条件、基本增收门路和基本素质"三个基本问题"，利用国家财政扶贫、世行贷款、以工代赈、生态移民等项目资金，先后通过产业化扶贫、农村劳动力转移、整村推进等重点工作，持续增强了全县农村贫困地区的自我发展能力。

2008 年，长顺县开始尝试整合涉农资金，在全县境内打造出四条产业带。并初步形成红色苹果、黑色山羊、绿色鸡蛋、黄色生姜、白色蘑菇、金色烤烟、褐色核桃、紫色葡萄等"七彩农业"特色产业体系。此后，长顺县进一步推动农业结构调整，加快农业产业升级提速，逐步探索出"一业为主、多品共生、种养结合、以短养长"的产业扶贫路径，此即为有一定知名度的"长顺做法"。"长顺做法"主要将绿壳鸡蛋、高钙苹果、紫王葡萄、优质核桃等"长顺四宝"定为主导产业并重点打造，因地制宜构建起山上种果林、山下种葡萄、果林下养鸡、葡萄园观光的山地生态高值农业模式。其目的是解决贫困群众短期见效、中期脱贫、长期致富的问题，使"长顺四宝"真正变为

"扶贫四宝"。近年来，"长顺做法"又实现新突破，一是探索出"龙头引领、农户参与、抱团取暖、共同发展"的"藤缠树"产业扶贫模式，将企业与贫困户利益有机捆绑，在二者之间建立长效利益联结机制，确保农民增收；二是积极打造"4+N"模式，进一步丰富山地种养品种，积极拓展出更大产业扶贫空间。

白云山镇位于长顺县东北部，距离县城26公里，东接惠水县，北与贵阳市花溪区接壤，是长顺县融入贵阳市和贵安新区的桥头堡，镇域面积188.8平方公里，下辖金山、实京、改尧、中院、猛秋、凉水、鼠场等7个行政村（社区），及150个村民小组5465户2.35万人。2017年，全镇有建档立卡贫困户935户3258人，其中一般贫困户472户1819人、低保户440户1413人、五保户23户26人，贫困发生率为13.83%。全镇2014年脱贫264户1150人，2015年脱贫198户856人，2016年脱贫154户706人。其中贫困人口主要分布在金山、猛秋和改尧等村（社区），金山村系该镇唯一省级一类贫困村。

第二节　调研过程

我们的具体调研始于2017年2月，大致结束于2019年5月。其中在2017年2~5月，我们主要开展了入户问卷调研和一些扶贫项目点的实地调查。根据中国社科院问卷设计基本要求，我们原计划对建档立卡贫困户（以下简称贫困户）和非贫困户两个类型分别完成40户的问卷调查，并以随机和适当等距结合的抽样原则展开。通过历时两个月余的问卷调查，最后形成涉及建档立卡贫困户37户、非贫困户23户共60份的有效问卷。

本次问卷所调查的样本户均属于少数民族家庭，其中布依族家庭为35户，苗族家庭为25户。贫困户中男性为63人，女性为53人；非贫困户中男性为46人，女性为41人。从年龄结构看，贫困户中，17~45岁的人口占比为36.2%；非贫困户中，17~45岁的人口占比为39%。可见，非贫困户在青壮年劳动力的比例上，比贫困户具有优势。另外，从户主角度看，上述样本户还有如下基本特征。一是性别主要集中在男性，在贫困户与非贫困户中分别占调查总体的91.8.1%和100%，体现出该村男主外的传统习惯。作为户主的少数女性，一般是因婿居形成。二是年龄主要集中在40岁以上，在贫困户与非贫困户中分别占89.1%和82.6%。这意味着贫困户中以中老年为户主的家庭居多，以年轻人为户主的家庭则较少。三是从文化程度看，贫困户户主是小学以下文化程度的占比是67.5%，非贫困户户主是小学以下文化程度的占比是52.17%，折射出全村户主整体文化水平偏低，贫困户户主文化水平更低的状态。在开展入户问卷调查期间，我们还对全村的村组公路建设、饮水设施、蔬菜种植基地、养鸭基地等扶贫项目进行了实地考察。

2017 年下半年，我们的调研工作主要为侧面观察与访谈相结合。侧面观察，主要是适时跟踪记录全村推进组织机制建设、基础设施建设、产业发展等方面的进展。访谈则主要针对县扶贫局领导，镇、村两级相关负责人，以及驻村同步小康工作组扶贫人员和一些村内知情人（如离职村干部、老党员），具体形式包括座谈会、个别访谈，同时还多次邀请相关扶贫人员同赴项目点进行实地交流。通过系列访谈活动，我们在纵向和横向上不断加深对金山村扶贫工作的认识和了解。2018 年是金山村迎来整村"摘帽"的冲刺之年。这一年，全村在基础设施建设、产业扶贫项目、易地扶贫搬迁以及为确保"两不愁三保障"而投入相关资源等方面所获得的投入空前增大。对此，我们的调研活动也进行了相应跟进，既全面关注金山村脱贫攻坚工作所获得的人财物投入情况，又密切关注我们此前的调查对

图 1-1　入户访谈
（金帼倡拍摄，2017 年 3 月）

象在全村扶贫力度进一步增大后的体会。2019 年，长顺县迎来整县"摘帽"国家级验收。作为全县北部乡镇曾经唯一的一类村，金山村受到上级更为谨慎的关注。基于此，我们分别于当年 6 月和 9 月，再次对镇、村两级扶贫干部和曾经的问卷访谈对象进行回访，并对全村查补"两不愁三保障"短板、产业扶贫新进展、移民搬迁后续问题等进行相应关注。

第二章

村情初探

金山村隶属于贵州省长顺县白云山镇，属于省级一类贫困村。金山村位于白云山镇南部，往北距离省会贵阳仅50公里，往南距长顺县城15公里，距镇政府所在地12公里。该村分别与惠水县水波龙村及长顺县所辖的长寨镇摆塘社区、广顺镇石板村、白云山镇猛秋村等相接，全村总面积达34平方公里。长期以来，金山村村民收入以外出务工和传统种植、养殖收入为主，主要经济作物为烤烟，只有极少数农户从事水稻、玉米、油菜种植业和零星分散的养羊、养猪等养殖业。截止到2016年底，金山村村民的人均纯收入是3560元，仅比当年国定贫困线3146元高出414元，相当于同期全县农民人均纯收入的42.5%，整体

本章节内容主要依托于2017年初我们在金山村所开展的村级问卷（2016年度）和入户问卷展开。

图 2-1　金山村村貌一角

（韩缙拍摄，2017 年 3 月）

贫困程度之深可见一斑。

金山村是一个以布依族和苗族人口为主的行政村，原辖 24 个村民组（自然寨）。2008 年长顺全县进行了镇村撤并调整，金山村与邻近的翁糯村（辖 4 个布依族村民组）合并，组成如今拥有 28 个村民组的金山村（见表 2-1）。根据户籍资料，2016 年底，金山村共有 777 户 2828 人，其中苗族、布依族农户为 627 户 2151 人，其余基本为汉族农户。

表 2-1　金山村 28 个村民小组及主要居住民族

村民小组	主要居住民族	村民小组	主要居住民族	村民小组	主要居住民族
对窝井	苗族	金山	布依族	大龙山	布依族
烂塔	布依族	沙坑一	苗族	小龙山	布依族
摆省	布依族	沙坑二	苗族	龙山坝	布依族
翁糯一	布依族	沙坑三	苗族	松章	布依族
翁糯二	布依族	沙坑四	苗族	泡木山	苗族

村民小组	主要居住民族	村民小组	主要居住民族	村民小组	主要居住民族
翁卡	布依族	打开冲	苗族	雷打坡	苗族
马井	布依族	下麻窝	苗族	崇拜地	苗族
半坡	布依族	唐家冲	苗族	坟山	布依族
上格正	苗族	平山	苗族		
下格正	苗族	地冲	苗族		

资料来源：金山村两委。

图2-2　正在劳作的村布依族老年妇女

（韩缙拍摄，2017年6月）

第一节　自然资源与社会经济状况

一　土地资源

金山村平均海拔约为1200米，年均气温14℃，年均降雨量 1200 毫米。全村处于喀斯特地貌发育较为典型的山区，以旱地为主，水田有零星分布，全村耕地面积共有 3927.5 亩，其中旱地面积 3638.5 亩，水田面积 289 亩，人均耕地面积仅为 1.39 亩。在全村所有耕地中，分属各农户的自留地面积约为 2080 亩。同时，受喀斯特地貌制约，全村绝大部分耕地较为破碎，耕作主要采用畜力和小型农用机械。相对而言，该村林地资源则较为丰富，共达 14545 亩，人均林地面积为 5.14 亩，但均以石山灌木林为主，成片种植的经济林较少。由于地块破碎以及交通不便，时至 2016 年末，金山村仍几乎未发生农户对外流转自有耕地的情况。

表 2-2　村土地资源类型及其利用方式

单位：亩

土地类型	面积	土地利用方式	面积
耕地面积	3927.5	禽畜饲养地面积	100
旱地面积	3638.5	养殖面积	300
水田面积	289	农用地中属于农户自留地的面积	2080
园地面积	1800	2016 年底土地确权登记发证面积	5301
林地面积	14545	农户对外流转耕地面积	0
牧草面积	0	村集体对外出租林地面积	0

注：“否”或调研数据不足为“0”（下同）。

资料来源：金山村调查问卷。

在我们的调查样本中，农户家庭名义上所拥有的水田面积大多为 0~4 亩，在样本总量中占比达 81.67%，这集中反映出该村水田少旱地多的事实。由于地处典型的喀斯特山区，全村地块均较为破碎，所经营 2 亩以下的水田地块的样本户占比高达 93.33%，经营 2 亩以下的旱地地块的样本户占比达81.67%。由于村域缺乏河流，加之水利设施"小弱缺"，工程性缺水问题在全村由来已久，使全村生产生活长期不得不依赖"望天水"。2016年夏季，金山村发生过较严重的旱灾，在我们的调查样本中因之受损的有16户，占比达26.67%。此外，农产品产量普遍较低，再加之交通条件长期制约，使得全村农业生产长期孱弱，时至2016年仍发生农户自产的蔬菜、蛋禽等农产品"卖出难"的问题，导致贫困户雪上加霜（见表2-3）。

图2-3　金山村为数不多的水田

（韩缙拍摄，2017年6月）

表 2-3　样本户土地利用及生产风险

情况		户数	情况		户数
经营水田面积	0–2 亩（含）	56	经营旱地面积	0–2 亩（含）	49
	2–4 亩（含）	3		2–4 亩（含）	4
	4–6 亩（含）	1		4–6 亩（含）	1
	6–8 亩（含）	0		6–8 亩（含）	1
	8 亩及以上	0		8 亩及以上	5
家中是否因自然灾害发生财产损失	是	16	去年主要农产品是否遇到卖难问题	是	5
	否	36		否	6
	不适用	8		不适用	49

数据来源：问卷分析。

二　劳动力资源

相当的劳动力数量及质量保障，是推动脱贫攻坚工作的重要依托。金山村劳动力人口为 1784 人，占总人口的 61.3%。但这其中有 530 人即约 1/3 的劳动力系长期外出（外出半年以上）务工者，且基本属于青壮年劳动力。据村干部介绍，外出务工人员的工资性收入约占全村总收入的 2/3，这不仅反映出当地就业渠道狭窄，更体现出外出务工的明显优势和吸引力。从我们的调查看，至少有一人外出务工，是绝大部分样本户的共同特点，有的家庭甚至能达到 3 人以上。大量青壮年劳动力"离土又离乡"，导致全村留守劳动力"老化""弱化"现象明显，当我们走在村中的田间地头，常会看到干活的绝大部分属于 45 岁以上的中老年人群体，其中妇女劳动力甚至真顶了"半边天"。总体而言，金山村外出务工者仍处于自发、分散、无序状态。由于文化素质普遍不高，缺乏相应的专业技能,外出务工者打短工或干粗重活的居多,有近八成的外出务工者月工资为 1800~2500 元,只有少部分人每月能够拿到 3000 元以上工资。可能源于外出生存能力的局限,或许民族生活习惯使然,村里举家外出务工的情况并不算多,仅为 17 户共 82 人。再从外出务工流向看,选择赴省外务工者居多,具体以到福建、浙江和广东等沿海地区打工为主,以建筑工、搬运工或者工厂较低端流水线工人居多。此外,2016 年定期回家务农的劳动力并不多,仅为 10 人。显示出现有条件下,在家劳动力已基本能应付日常农业生产,即便农忙时也不必召回家庭外出务工成员,可见外出务工比农忙返家干活更为"划算"。显然,留村劳动力才是全村脱贫攻坚进程中的关键性参与者。然而至 2017 年初,全村村民中参加"雨露计划"的仅为 7 人,甚至没有一名"两后生"[①],这说明无论是对原有劳动力还是对新增劳动力,相应的素质技能提升工作尚亟待加强。

表 2-4　村劳动力基本情况

单位:人,户

劳动力情况	数量	劳动力情况	数量
常住人口数	2909	外出到省内县外劳动力数	110
劳动力人口	1784	外出务工人员中途返乡人数	21
外出半年以上劳动力数	530	定期回家务农的外出劳动力数	10
举家外出户数	17	初中毕业未升学的新成长劳动力数	6
举家外出人口数	82	高中毕业未升学的新成长劳动力数	11
外出半年以内劳动力数	120	参加"雨露计划"人数	7
外出到省外劳动力数	300	参加雨露计划"两后生"培训人数	0

数据来源:问卷分析。

① 农村贫困户"两后生"指初、高中毕业生未能继续升入大学或中专院校就读的农村贫困家庭中的富余劳动力。

总体而言，拥有 2 名以下劳动力的农户在村中占较大比例。从劳动力性别看，无论是贫困户还是非贫困户，男性数量均明显多于女性。但将贫困户与非贫困户两者比较，贫困户劳动力年龄主要集中在 27~49 岁，非贫困户劳动力年龄则相对集中于 27~38 岁，后者具有优势。再从就业区域看，非贫困户劳动力选择跨省务工的数量明显超过贫困户劳动力，贫困户劳动力则更多以省内甚至县内务工为主。从调查期近一周的累计工作时间来看，贫困户家庭的劳动强度远超过非贫困户家庭，但在经济收益上却并未形成正相关，原因是贫困户家庭收入主要来自农业生产经营，而非贫困户家庭则通过打工获得更可观的工资性收入。这从客观上也折射出非贫困户劳动力在能力素质方面强于贫困户劳动力的事实（见表 2–5）。

三 总体经济现状

由于地处石山区域，水源缺乏、地块破碎、土质贫瘠，金山村传统收入来源除了部分村民自发外出务工，其余基本依赖于农业。全村粮食作物以玉米、土豆和少量水稻为主，经济作物则以烤烟为主。农业生产条件薄弱加之农业产业结构固化导致村民增收长期乏力，应是全村贫困发生率居高不下的重要因素。

表2-5 样本户劳动力结构情况

情况		贫困户	非贫困户	情况		贫困户	非贫困户
家庭劳动力人数（劳动力年龄段为16-60周岁）（户）	0人	6	2	上年各劳动力收入种类（人）	农业经营收入	39	16
	1人	12	9		非农业经营收入	0	3
	2人	15	9		工资性收入	15	23
	3人及以上	4	3	上年最主要工作行业户数（户）	农业	37	16
劳动力性别（人）	男	38	25		非农业	0	7
	女	16	17	在外务工人员有无社会保险人数（人）	有	—	—
劳动力年龄结构（人）	16~27岁（含）	9	6		无	—	—
	27~38岁（含）	15	18	若是受雇，是否出现拖欠工资的户数（户）	是	0	0
	38~49岁（含）	19	10		否	37	23
	49~60岁（含）	11	8	近一个星期累计劳动/工作时间（人）	0~20小时（含）	15	12
劳动力劳动/就业区域（人）	本乡镇	38	17		20~40小时（含）	17	19
	县内本乡镇外	9	8		40~60小时（含）	13	7
	省内县外	6	11		60~80小时（含）	8	3
	省外	1	6		80小时以上	1	1

数据来源：问卷分析。

　　精准扶贫政策实施以来，金山村的农业产业开始有了一定发展，但整体仍处于起步状态。

　　2015年初春，在县林业局统一指导下，村里开始动员村民利用各自的荒山荒坡先后种植约6000亩刺梨。刺梨食药两用、耐寒耐贫瘠且管护简单。从种苗、技术到肥料均由政府组织提供，并有外地公司承诺收购，基本形成"公司＋农户"合作模式，使参与的农户种植积极性普遍较高。2017年夏季，金山村刺梨进入丰产期，以每亩1000斤收成和每斤2元的收购价计算，每亩可以为种植户增收约2000元。

截止到2016年底，村里曾先后成立两个专业合作社，其中人数最多的是"周荣种养专业合作社"，有约40名村民参加，目的是"承接贵阳市场进行生鲜蔬菜种植"，但由于缺乏实际投入，该合作社并未产生经济效益。另一个合作社是"白云水果专业合作社"，主要从事高钙苹果种植，合作社负责人是时任驻村第一书记金帼昌。据金书记介绍，2010年前后，县里曾出台政策鼓励县直机关干部通过脱产或半脱产方式，到县内各乡镇承包土地搞果园种植示范基地，并能获得一定的贷款、种苗、化肥等方面的扶持措施。此政策的目标是"推动农业产业结构调整，加快扶贫步伐，发挥党员干部的示范引领作用"。因金山村是金帼昌的家乡，2010年底，金帼昌按政策申请到贷款30万元回家乡租赁约400余亩荒山荒坡开展高钙苹果种植。根据上级统一要求，该苹果种植基地也相应建立起合作社，但因果园每年投入巨大且时亏时赚，所有投资及经营风险均由金帼昌个人承担，故运行6年下来，目前参与合作社实际运营的村民已不足10人，且基本以"雇工"身份出现，其收益一般不与果园收益直接挂钩。

此外，村里的专业大户约有10户，自有资金规模一般为10万~100万元，主要涉及小型运输、小工程建筑和烤烟生产。非农专业大户虽然在经济上有一定积累，但由于业务重心不在村内，故基本以家庭、家族成员为主，少有对周边村民产生带动的情况。村里的两三户所谓烤烟大户的经营规模其实并不算大，年产值大多为 8 万 ~15 万元，但在农忙季节仍需雇佣几名邻居村民帮忙摘烟叶及烘烤，并为此支付总计不超过 3 万元的工钱。近年来烤烟市场不景气，目前村里的烤烟种植面积已大幅度压缩。

此外，村里还有 1 个小超市和 4 个分散的烟酒小卖部，但生意都并不好，村民更习惯在周末赶场天到镇里售卖自家农产品时顺便采购生活必需品。

表 2-6　金山村经济实体情况

单位：家

实体经济类型	数量	实体经济类型	数量
农民合作社数	2	餐饮企业数	0
专业大户数	10	批发零售、超市、小卖部数	5
家庭农场数	0	其他企业数	0
农业企业数	0	集体企业数	0
加工制造企业数	0		

数据来源：问卷分析。

第二节　医疗及社会保障

一　医疗条件

20 世纪八九十年代之前，村民们在生病时总习惯请寨子里的"土医生"用土办法或自采草药治疗，只有病重才会迫不得已到正规医院诊治。由于长期缺乏起码的医疗卫生保障，村里现有中老年残疾人80人左右，甚至还有残疾代际传递情况发生。

2000年以来，随着村中经济、交通环境逐步得到改善，加之政府多年来的宣传引导，村民看病就医的习惯已经慢慢改变，其中最为显著的标志就是30岁以下残疾率已经大大降低。但就村内医疗条件而言，在2017年初全村仅有一所简陋卫生室和一家私营药店，此卫生室设在村委会的一间办公室，并挂了牌。但室内的玻璃柜中除摆放一些简单的计生用品并无其他药物，据说镇卫生院会派医生来村卫生室流动坐诊，但实际很少来。村民们也早已习惯去镇卫生院或者县医院就诊，小病则会去村小药店看病兼买药。这家小药店是村妇女主任李永琼家开办的，李曾于20世纪90年代在县卫校接受过相对规范的医技培训，并获得初级行医资格证书，对于小病治疗和基本打针输液均较为熟练，得到村民们的普遍认可。即便如此，村里医疗条件不足，导致村民卫生保健意识薄弱的总体环境仍然存在。2016年，全村发生过3名0~5岁儿童死亡事件，据村干部介绍，其中1人死于意外，另2名可能与早产或者家长用药失误有关（见表2-7）。

表2-7　医疗卫生基本情况

单位：家，人

全村卫生室数	1	当年0-5岁儿童死亡人数	3
药店（铺）数	1	当年孕产妇死亡人数	0
全村医生数	1	当前身患大病人数	25

医生中有行医资格证书人数	1	在村内敬老院居住老年人数	0
全村接生员人数	1	在村外敬老院居住老年人数	12
接生员有行医资格证书人数	1		

数据来源：问卷分析。

重大疾病及其治疗费用是普遍的家庭负担，对于经济基础更为薄弱的农村家庭尤甚。从所调查样本户来看，村民们的总体健康状况并不很理想。如表 2-8 所示，有约

表 2-8　金山村健康及治疗开支情况

情况		贫困户	非贫困户	情况		贫困户	非贫困户
调研对象健康状况（人）	健康	87	69	家庭病患治疗自费情况（户）	0~500 元（含）	12	9
	长期慢性病	19	15		500~1000 元（含）	15	7
	患有大病	3	2		1000~5000 元（含）	9	5
	残疾	7	1		5000 元以上	1	2
家庭成员不健康情况（户）	0 人	13	7	家庭病患治疗报销情况（户）	0~500 元（含）	13	7
	1 人	18	9		500~1000 元（含）	16	11
	2 人	4	7		1000~5000 元（含）	5	3
	3 人及以上	2	0		5000 元以上	3	2
家庭成员患病严重程度（人）	不严重	1	0	没有治疗的主要原因（户）	经济困难	8	6
	一般	5	7		医院太远	0	0
	严重	18	9		没有时间	0	1
家庭病患是否接受治疗（户）	是	30	17		不重视	3	0
	否	7	6		小病不用医	6	4
家庭病患治疗总费用（户）	500 元（含）	6	4		不适用	20	12
	500~1000 元（含）	20	8	家中 7 周岁以下儿童是否接疫苗（户）	是	6	4
	1000~5000 元（含）	6	7		否	18	12
	5000 元以上	5	4		不适用	13	7

数据来源：问卷分析。

66.7%的样本户称家庭成员存在健康问题。从治病花费角度看，新农合对于减轻农户医疗负担可谓立竿见影，但由于报销存在相应限制，农户需要自行承担的费用仍然较高。其中自费部分超过1000元的家庭共有17户，占总样本量的28.3%，还涉及近1/3的贫困户。从非贫困户样本看，有30.4%的农户自费超过1000元，其中有两户甚至超过5000元，并有26%的非贫困户声称经济困难是家人有病未治的根本原因。可见，全村因病致贫的风险仍然较高。此外，无论是贫困户还是非贫困户家庭，7周岁以下儿童接种疫苗的比例并不高，这既体现村民们的卫生保健意识仍然淡薄，也表明相关部门工作力度仍然不够。

二 社会保障

全村残疾人口达89人，其中有肢残、失明、智力障碍、聋哑等重度残疾患者的家庭有52户。2016年，在"应保尽保、应扶尽扶"的政策下，全村被纳入低保范围的人口有387人，涉及127户家庭。此外，全村有28名五保户，其中12人获得集中供养，另外16人由于身体及个人意愿等原因，不愿意住敬老院，选择领取国家补助后投靠亲属，形成分散供养。2015年下半年，贵州省出台《关于提高农村贫困人口医疗救助保障水平推进精准扶贫的实施方案》，明确提出要建立完善基本医疗保险、大病保险、医疗救助"三重医疗保障"体系，以发挥医疗救助保障防贫、脱贫的重大作用。按照全省统

一规定，2017 年度金山村村民新农合缴费标准为 120
元／人。缴费工作实际从 2016 年 9 月开始启动，村委
会一般通过电话、入户宣传、张贴通知等形式引导村民
积极参保。到 2017 年 3 月初，全村共有 760 户 2850 人
完成投保，未能参保者主要是长期外出打工且无法联系
的少数家庭。此外，村里参加社会养老保险的有 760 户
2560 人。看来，村民们已意识到，这实际上是"给自
己的未来存钱"。故大家在缴纳人均 100 元的社保年费
上 [①]，其热情远远超过新农合缴费。此外，村里 60 岁以
上老年参保人，每月可以领取 80~100 元的农村居民养
老金。其中 80 岁以上老年人每月还能领到 30 元高龄补
贴。2016 年，金山村共获得国家救助资金约 10 万元，
受益者主要包括：低保和五保对象，突发重病或大病家
庭，以及因冰雹、旱灾等自然灾害导致歉收、绝收的农
户（见表 2-9）。

表 2-9　金山村社会保障情况

调研内容	数量	调研内容	数量
新型合作医疗保险户数（户）	760	社会养老保险户数（户）	760
新型合作医疗保险人数（人）	2850	社会养老保险人数（人）	2560
新型合作医疗保险缴费标准（元/年·人）	120	集中供养人数	12
五保供养人数（人）	28	低保人数（人）	387

资料来源：金山村两委。

————————

① 按照《贵州省城乡居民基本养老保险实施办法》（黔府发〔2014〕20 号），凡
年满 16 周岁（不含在校学生）均可自愿参保，并可在 100~2000 元共 13 个档
次中选定，并在一个自然年度内一次性缴纳，金山村的村民普遍选择 100 元
档次，同时还享受到每人每年 30 元的政府缴费补贴。

图2-4　村里催缴社会养老保险及新型合作医疗保险的通知

（韩缙拍摄，2017年3月）

第三节　教育与培训

教育，是拔除"穷根"的关键所在。2017年初，全村文盲和半文盲人口有867人，约占总人口的29.8%，主要涉及45岁以上中老年人口，贫困户人口中仅有小学及以下文化水平的占比甚至高达77.97%。此外，贫困户家庭的在读学生共有72人，其中学前教育11人，小学阶段13人，初中阶段26人，高中、中职阶段13人，大专及以上9人。非贫困户家庭在读学生人数则更多，仅在读初中生人数即达64人，是贫困户家庭在读人数的两倍多。

全村学前教育适龄儿童高达136人，但村里没有一所幼儿园，条件稍好的家庭一般把孩子送到镇中心幼儿园，另有部分随外出务工父母在当地上幼儿园，剩余不少孩子则基本处于"放养"状态。自1995年起，村里即拥有一所公办小学，每年在校生一般可保持在120~200人。但从2016年6月起，金山村小学停办，原因是"整合教育资源"。因此，原村小的在读小学生被分流到5公里外的摆塘村小学和更远的白云山镇小学。由于小学不提供住宿，家住金山村的大部分小学生从此开始了早出晚归的远距离上下学时光，其单趟所需时间一般为30~60分钟，只有少部分人有家长用摩托车接送。此外，到镇小学入读的学生家庭则基本选择租住于镇上。

无论是贫困户还是非贫困户，村里的义务教育阶段在读生均不用申请即可获得相应学费和教科书费减免，并享受到免费营养早午餐。贫困户在读初中生还能另外获得1200元的住宿补助。由于县教育局对农村籍在校生有统一住校的要求，加之金山村前往县城和镇政府所在地的距离差别不大，以及县、镇两地中学的住校生活条件相当，村里的90名初中在校生有更多人选择到县城中学上学，其次才选择在镇中学学习。另外还有少数人则是在父母外出务工所在地就读，或投奔外地亲友就读。总的来看，国家九年制义务教育相关设施的进一步完善，以及免费营养午餐项目的实施，不仅大大缓解农村家庭子女接受九年制义务教育的经济压力，同时也使其受教育质量和身体素质都获得前所未有的提升（见表2-10）。

图 2-5　村里已停办的小学校舍

（韩缙拍摄，2017 年 3 月）

表 2-10　金山村九年制义务教育基本情况

单位：人

小学阶段教育			
本村小学阶段适龄儿童人数	108	住校生人数	0
在本村小学上学人数	0	在县小学上学人数	6
住校生人数	0	去外地上学人数	2
在乡镇小学上学人数	108	失学辍学人数	0
初中阶段教育			
乡镇中学上学人数	24	县城中学上学人数	49
住校生总人数	73	外地上学人数	7

数据来源：问卷分析。

自 2015 年秋季起，贵州省对在读普通高中、中职学校和普通高校的建档立卡贫困户子女分别实行了"两助三免（补）"和"两助一免（补）"①教育助学政策，更是大大减轻了村里贫困户子女教育的负担，并鼓励更多学子进一步提高学历。如贫困户黄龙香一家四口人，因三个孩子还在上学故劳动力较少，家庭主要收入依赖于2亩水稻和3亩烤烟的收成。2015年前，黄已经有两个孩子在读大学，高昂的学费及生活费是其贫困的主要原因。2015年，当第三个孩子考上大学后，家中经济状况更是雪上加霜。好在赶上政府教育助学政策颁布，黄家的三个孩子均顺利通过审核程序，并获得相应教育助学金，一年总计过万元的稳定资助顿时使全家人都长舒了一口气。

第四节　人居环境

一　居住条件

"看房"作为重要的贫困识别方式，是精准扶贫工作

---

① 按照贵州省教育厅相关文件，"两助三免（补）"分别对相应在读高中生的助学标准是：在国家助学金（2000元/生·年）的基础上，新增扶贫助学金（1000元/生·年）、免（补助）学费（760元/生·年）、免（补助）教科书费（400元/生·年）、免（补助）住宿费（500元/生·年）。对相应在读中职生的助学标准是：在实施三年免学费（2000元/生·年）和一、二年级国家助学金（2000元/生·年）的基础上，对一、二年级学生新增扶贫助学金（1000元/生·年）、免（补助）教科书费（400元/生·年）、免（补助）住宿费（500元/生·年）。普通高校"两助一免（补）"是指对相应学生在国家助学金（平均3000元/生·年）的基础上，再提供扶贫助学金（1000元/生·年）以及免（补助）学费（其中本科生3830元/生·年，专科生3500元/生·年）。

的重要组成部分。到 2016 年底，金山村户均宅基地面积约有 90 平方米，人均面积总体上不算少，但多数住宅被上级有关部门认定为 C、D 级危房，有较严重"跑风漏雨"情况，年久失修的木结构瓦房或土坯瓦房共有 130 栋，约占全村所有住宅的 1/5。

从入户调查数据看（见表 2-11），农户家庭对现有居住条件持不太满意态度的仍然较多，在贫困户与非贫困户中的占比分别为 51.3% 和 43.4%，其中包括住宅已被认定为危房、未获认定为危房，以及无房户三种类型。金山村的无房户一般由"原有住房损毁而寄居在亲友处"和"已分户但未分房"两种类型构成。另外，贫困户中存在拥有 2 处以上住房的情况，占比为 16.21%。经进一步核实，这部分农户大多属于 2016 年度移民搬迁户，但搬迁后仍保留着老房子。按照政策要求，移民搬迁户在迁入新居后，应配合有关部门拆除原有住房。所以，这些贫困户拥有 2 处住房应属暂时情况。在取暖方面，仍有 13.51% 的贫困户和 13.04% 的非贫困户冬季靠围火塘烧柴火取暖，但多数情况并非买不起火炉，只不过是保留传统生活习惯而已。在饮食能源方面，村民们基本都是在烧柴草和用电之间选择，一般是家中劳力充裕的就选择进山打柴，劳力不足的则会选择用电备餐。由于早已实现"同网同价"，普通农户每月的电费支出一般较少超过 100 元，故电能被广泛接受。此外，由于特殊的地理条件制约，人畜饮水历来是村里的老大难问题，虽然近年来有了不少改观，但仍分别有 21.62% 的贫困户和 13.04% 的非贫困户在这方面存在困难。

表 2-11　金山村样本户住房条件

单位：户

情况		贫困户	非贫困户	情况		贫困户	非贫困户
对当前住房满意度	非常满意	3	1	是否有互联网宽带	是	1	0
	比较满意	6	4		否	36	23
	一般	9	8	取暖设施	火塘	5	3
	不太满意	8	6		炕	0	0
	很不满意	11	4		炉子	32	20
几处住房	0 处	5	0		土暖气	0	0
	1 处	26	21		电暖气	0	0
	2 处及以上	6	2		空调	0	0
住房来源	自有	32	21		市政暖气	0	0
	借用	5	2		其他	0	0
住房类型	平房	32	17	是否有管道供水	是	21	11
	楼房	5	6		否	16	12
住房状况	一般或良好	25	17	是否存在饮水困难	是	8	3
	政府认定危房	8	1		否	29	20
	没有认定，但属于危房	4	5	饮食能源	柴草	19	9
建筑材料	竹草土坯	0	0		煤炭	0	0
	砖瓦砖木	10	3		罐装液化石油气	0	0
	砖混材料	15	11		管道液化石油气	0	0
	钢筋混凝土	6	8		管道煤气	0	0
	其他	6	1		管道天然气	0	0
建筑面积	0~80 平方米（含）	11	1		电	18	14
	80~100 平方米（含）	7	4		燃料用油	0	0
	100~120 平方米（含）	4	4		沼气	0	0
	大于 120 平方米（含）	15	12		其他	0	0
	不清楚	0	2		无炊事行为	0	0

态度		贫困户	非贫困户	态度		贫困户	非贫困户
距最近硬化路距离	0~100 米（含）	32	21	厕所类型	传统旱厕	33	19
	100~300 米（含）	5	2		卫生厕所	0	3
	300~800 米（含）	0	0		没有厕所	4	0
	大于 800 米（含）	0	0		其他	0	1
入户路类型	泥土路	2	0	生活垃圾处理	送到垃圾池等	1	0
	砂石路	3	0		定点堆放	4	3
	水泥或柏油路	32	23		随意丢弃	32	18
沐浴设施	无	35	21		其他	0	2
	电热水器	2	2	生活污水处理	管道排放	0	0
	太阳能	0	0		排到家里渗井	2	0
	空气能	0	0		院外沟渠	3	2
	燃气	0	0		随意排放	32	20
	其他	0	0		其他	0	1

数据来源：问卷分析。

众所周知，贵州不少地处深山区、石山区的村寨生存环境极为恶劣，"一方水土养不起一方人"的矛盾由来已久。早在 2002 年前后，长顺县即已开展"以工代赈"移民搬迁试点工作，并把实施重点放在南部乡镇，因为南部乡镇地处麻山腹地，贫困面更大，人地、交通等矛盾更为突出。无奈受政策、资金、就业等条件所限，时至 2011 年前后，长顺县易地扶贫搬迁总体效果仍欠明显。2012 年，为确保全面建成小康社会，贵州省委、省政府提出"用 9 年时间，对全省 47 万户 204 万人实施扶贫生态移民工程"，贵州全省性大规模扶贫搬迁工作由此启动。2015 年，贵州更进一步实施扶贫生态移民"三年攻坚行动计划"，并出台《关于进一步加大扶贫生态移民力度推进精准扶贫的实施意见》。正是在这样的背景下，金山村的易地扶贫搬迁工作方正式进入行动日程。由于指标偏少，根据县里统一要求，金山村对于确定首批扶贫搬迁对象采取了较为严格的甄别遴选，把"无法通过就地扶贫解决温饱或长期居住山洞的特困户"列为门槛条件，并把"是否执行国家计划生育政策和是否遵纪守法"作为重要指标，如此一来，全村仅有几户贫困户获得搬迁资格。

村里真正迎来较大规模易地扶贫搬迁是在2016年春季，这得益于国家投入大幅度增加，搬迁对象准入门槛显著降低，以及具体推进速度明显加快。具体行动包括三个方面。一是组建镇、村两级干部共同参与的工作队。对全村所有农户房屋进行相应摸底，清查需要搬迁的人口规模和可供利用的土地。二是掌握村民需求。合理制定切实可行的搬迁目标和建设任务，并将摸底调查资料和数据及时反馈给县扶贫局和移民局。三是灵活制定实施方案。鉴于金山村贫困面较大、村民小组贫困人口相对集中的特点，白云山镇政府通过与县移民局和扶贫局会商，形成对金山村采用"整组搬迁"和"零星搬迁"同步推进的基本方案。经过动员宣传、群众自愿申请、村民会评议等基本程序，最后产生2016年度40户249人的搬迁户名单。这些搬迁户最终于2017年春节之前，顺利迁入位于镇政府所在地的白云小区移民安置点新居。

2016年底，金山村被有关部门认定为危房的130户农户，已全部被纳入长顺县易地扶贫搬迁或危房改造项目两个统筹大盘。危房改造具有明显的普惠性，可面向所有只有一套住房且被鉴定为危房的农户。但具体补贴标准有一定差别：对于贫困户，一级危房补助3.5万元，二级危房补助1.5万元，三级危房补助1万元；对于非贫困户，一级危房补助0.5万元，二级危房补助0.3万元，三级危房补助0.2万元。到2017年初，金山村已有30余户农户通过申请、评议、公示等流程获得危房改造资格，其中大部分为非贫困户。这是因为大多数情况下，危房改造意味着推倒重建。危改补助款用于重建显然远远不够，对早有建房意愿的非贫困户而言，正好是享受政策的契机。对于居住在危房的贫困户，镇村干部则会倾向于动员其直接移民搬迁。

图2-6　通过危房改造计划正在建房的农户

（韩缙拍摄，2017年3月）

二　公共基础设施

2013 年 11 月，贵州省计划投资 1500 多亿元，启动"四在农家·美丽乡村"六项行动计划，重点在全省农村贫困地区实施"小康水""小康路""小康电""小康房""小康讯""小康寨"基础设施建设。由此，村里的道路、饮水、通信等公共基础设施开始逐步获得改善。2016 年，贵州省检察院驻村同步小康工作组派员入驻金山村，并积极引进帮扶资源，重点推动金山村道路基础设施建设。一是促成省交通厅立项投资，实现白云山镇至长顺县城的县道（穿金山村而过）升级改造。该工程于 2016 年 10 月启动，2017 年底建成双向两车道、宽度为 15~18 米的柏油公路。二是协调企业赞助，进一步完善全村通组公路建设。到 2016 年底，村里的通组公路基本建成，总里程达到 32.8 公里，仅余 8 公里左右未实现硬化。

电视及通信建设方面。到 2017 年初，金山村仍未开通闭路电视信号，通过卫星信号观看电视的农户有 680户，这意味着约 11.6% 的农户仍然缺乏电视机。此外，由于费用较高，村里仅有县道附近的村委会和 5 户农户家庭开通了宽带。全村范围仅有 80% 的区域有手机信号覆盖，家中未通电话也无手机的户数达到 80 户，主要集中在老人户或残疾人户，比例与缺乏电视的农户大致相当。

电力及饮水设施方面。全村已于 2005 年前后实现所有住户通电，电价标准是 0.475 元每度，但供电状态并不够稳定，2016年起码发生过5次停电。金山村降水量较为充沛，但由于岩溶地质普遍，工程性缺水仍然是金山村不少村民组存在的主要生活设施障碍。时至2017年初，大龙山、小龙山、上下格正、摆省、坟山、翁糯一组、翁糯二组、松章、半坡、翁卡、烂塔等12个村民组，约占全村46%的农户家庭仍未通上自来水，其吃水主要依靠去远近不等的小水井、小山泉等水源地取水，相当费工费时。且由于缺乏专人管理，这类水源的卫生条件大多不太好。再加上其他村民组零星饮水困难的农户，村干部估计全村饮水困难户可达500户左右，在全村农户中占比为64.8%。

环境卫生方面。金山村山势优美，处处郁郁葱葱，但不少农舍周围的垃圾却有些"触目惊心"。在垃圾处理方面，全村范围仅建有5个简易垃圾池，与28个村

图2-7　松章村民小组的村民在投工投劳进行小水井改造
（韩缙拍摄，2017年3月）

民组（自然寨）的数量远不匹配。同时，全村范围均未设立垃圾箱，高达83.33%的调查样本户已经习惯将生活垃圾倾倒在自家房前屋后，甚至公共道路上。显然，这对于村域内的水源、土壤形成不小的污染隐患。此外，虽然全村通组公路基本建成，但没有一条通组道路设有路灯，晚上出门带手电早已成为村民们的生活习惯。

此外，得益于21世纪初县里曾推行的"沼气计划"，金山村有135户农户建有沼气池，虽然不少已经弃置，但相当部分仍可发挥一定节能效用。在农田水利方面，由于金山曾经是白云山镇的烤烟大村，早先曾实施过一些烟水配套工程，保有小集水池150余个、灌溉用沟渠约1500米。但据村干部估计，这些设施对于满足全村下一步农业产业发展需求仍远远不够。

第五节　乡村治理

一　基层组织建设

党的农村基层组织能否真正发挥"战斗堡垒"作用，是精准扶贫精准脱贫工作走好"最后一公里"的关键。金山村共有63名中共党员，年龄在50岁以下的有15人，文化程度在高中以上的有 10 人，这表明全村党员不仅老龄化现象严重，而且文化水平相对偏低。2016 年 11 月村两委换届前，原班子成员平均年龄达 45 岁。换届选举结束后，村两委班子成员平均年龄下降到 38 岁。新一任村支书和村主任以及另外 5 名村干部分属布依族和苗族，民族比例大致相当（见表 2-12）。由于村里多年未发生过民族矛盾，故大家在日常工作中似乎未过多在意彼此的民族身份。但涉及联系各村民组等分工时，一般还是会考虑对应村干部的民族身份，以利于开展工作。

表 2-12　金山村两委成员基本信息

姓名	职务	年龄	民族	文化程度	职责分工
陈玉周	支部书记	37	布依	大专	村全面工作及包片工作
简荣	村委主任	47	苗	高中	村委会工作及包片工作
陈炜	村支部副书记	35	苗	高中	村会计及包片工作
李定国	村委副主任	32	苗	大专	村文书材料及包片工作
李成琼	村委会委员	49	布依	中专	妇女、计生及包片工作
韩山亮	村监委会主任	39	布依	初中	监委员会及包片工作
韩有发	村委会委员	34	布依	高中	协助日常工作及包片工作

资料来源：金山村委会。

金山村党支部设有党员代表，代表由 5 人组成，其中 3 人是村两委成员，另外 2 名则是党员兼村民小组长。正常情况下，每季度均会举行一次村党员代表会议。会议内容主要是传达上级党委相关文件、讨论支部建设相关事项、讨论或表决村重大问题等。此外，村党支部还根据全村党员的居住位置，在全村设立了 6 个党员活动小组，以引导各位党员进一步发挥先锋模范作用，更多地参与村组各项事务。民主决策方面，村里共选举出村民代表 17 人，村民代表中除 6 人是村干部外，其余 11 人的身份有村民小组长、普通党员和群众。村民代表依法享有议事决策、民主监督等各项权利。此外，村里还设有 3 人村务监督委员会及 4 人民主理财小组，作为常设村务治理组织，全面参与村相关事务的监督和管理。

待遇方面，村支书的月工资是 2750 元，村主任是 2700 元，副支书、副主任是 2650 元，监委会主任是 600 元（从 2017 年起镇财政再给予每月 1400 元补助），村委会委员每月只有 200 元补贴。但按镇统一要求，副支书和副主任以上村干部的工资必须先由财政部门逐月扣下 1000 元，通过年终考核后发还，监委会主任每月也同样需要从县财政支付部分扣下 200 元参加考核。

图 2-8　金山村两委干部们连夜开会
（韩缙拍摄，2017 年 3 月）

二　群众参与情况

2016 年以来，脱贫攻坚工作步伐不断加快，特别是贫困户识别退出、危房改造、易地扶贫搬迁、农业产业结构调整等涉及村民切身利益的事务大幅增加，不断增强广大村民关注村务动向、积极表达诉求的意识。以金山村最近两次村委会选举的参加人数变化为例：2013 年有选举权的 1860 名村民中，有 1554 人参与投票；到 2016 年，有选举权的 2136 人中，则有 1968 人参与投票，投票率上升了 8.6 个百分点。这表明村民们的参政意识已明显增强，对新"带头人"的期望值有所提升。不过，从问卷调查结果看，村民们对于具体参政内容的积极性有着差别。如有 81% 的贫困户和 95.6% 的非贫困户称未参加过乡镇人大代表选举，这说明村民们更愿意参加与自己利益直接相关的会议或投票。

第六节　贫困状况

一　基本数据

金山村属于贵州省级一类贫困村。2014 年，金山村共有建档立卡贫困户 339 户 1299 人。此后三年全村共脱贫

119户527人。虽然建档立卡贫困户涉及全村28个村民组，但贫困发生率还是泡木山、坟山、唐家冲、地冲等村民组相对更高（见表2-13）。2016年上半年，金山村共有建档立卡贫困户270户，其中一般贫困户201户737人，低保贫困户2户10人，低保户55户124人，五保户12户13人，村贫困发生率为37.19%。及至2017年春，全村建档立卡贫困户变化为220户772人。其中，一般贫困户101户399人（含因病返贫1户5人），低保贫困户109户362人，五保户10户11人。低保贫困户数量超过一般贫困户，这源于"两项制度衔接"在金山扶贫工作中得到进一步落实，同时也折射出全村贫困群体中"老、弱、病、残"现象较为显著。

表2-13　2016年初金山村贫困人口分布

序号	组名	农业人口		贫困人口		贫困发生率（%）
		户	人	户	人	
1	翁糯一组	41	190	18	64	33.68
2	翁糯二组	28	106	13	43	37.73
3	上格正组	52	224	16	53	23.21
4	下格正组	34	160	13	39	23.75
5	沙坑一组	34	122	9	31	26.22
6	沙坑二组	22	94	7	31	35.10
7	沙坑三组	29	94	10	38	40.42
8	沙坑四组	11	48	6	22	45.83
9	打开冲组	40	146	21	68	45.89
10	崇拜地组	9	34	4	12	35.29
11	对窝井组	22	80	7	20	25.00
12	大龙山组	11	59	6	24	40.67
13	翁卡组	21	76	11	36	46.05

序号	组名	农业人口		贫困人口		贫困发生率（%）
		户	人	户	人	
14	半坡组	43	181	15	44	24.30
15	摆省组	67	225	14	27	12.00
16	烂塔组	37	133	11	38	29.32
17	松章组	36	140	11	36	25.71
18	地冲组	11	42	5	25	59.52
19	泡木山组	7	30	7	30	100.00
20	坟山组	8	27	7	23	81.48
21	小龙山组	20	72	7	21	29.16
22	马井组	47	208	4	14	6.70
23	金山组	44	188	10	36	19.14
24	平山组	27	101	10	27	26.73
25	唐家冲组	9	26	7	20	76.92
26	下麻窝组	14	54	7	20	37.04
27	龙山坝组	16	58	7	42	20.68
28	雷打坡组	16	89	10	30	33.71

数据来源：金山村两委。

二　致贫原因分析

　　贫困的形成，既源于人所处的生活环境，也源于人的思维意识。金山村的致贫原因源于客观和主观两个因素。从客观限制因素看，金山贫困户认为自家的主要致贫原因排序是缺劳力＞生病＞残疾＞就学＞交通不便＞缺资金＞其他原因（见表2-14），劳动力缺乏是村民们普遍谈及的致贫原因，有的只不过将其作为第二因素来表达。劳动力对于一个农村家庭的重要性不言而喻。从全村数据看，贫困户平均家庭成员有3.62人，非贫困户平均家庭成员有 3.69 人，证明非贫困户家庭在人口上略占优势。年龄结构上，建档立卡贫困户平均年龄为 53.3 岁，其中 18~60 岁人口的占比为 54.51%。非贫困户平均年龄则为 47.32 岁，其中 18~60 岁人口的占比为 43.61%。可见，无论是劳动力人数还是年龄结构，贫困户较之非贫困户均显逊色。

表 2-14　金山村主要致贫原因排序

单位：%

主要致贫原因	缺劳力	生病	残疾	就学	交通不便	缺资金	其他原因
占比	38.18	17.27	15.94	11.36	7.72	6.81	2.72

数据来源：问卷分析。

长期以来，患大病或长期慢性病对于一个农户家庭可谓双重打击。一方面需要花费大量费用进行治疗，另一方面还可能会影响到家庭创收机会。金山全村 25 名大病患者中（包括患肺结核、肝癌、重性精神病等疾病），贫困户占 92%。另从我们的调查来看，66.7% 的农户都曾表达有家人身体不好，其中不乏白内障、风湿性关节炎、肾炎、肝炎等影响生产生活的长期慢性疾病。虽然绝大部分村民都购买了合作医疗保险，但治疗报销条件及范围限制较多，加之治疗过程中的交通食宿开支，使得因病致贫、因病返贫成为一些农户头顶挥之不去的阴霾。

随着 2016 年精准扶贫教育助学政策的完全施行，教育支出压力相对更大的群体反而是非贫困户家庭。在我们的调查中，有 7 户非贫困户家庭提及子女教育负担费用超过 3000 元，占样本量 30.4%，由于生活和学习开支的差别，越是有在读大学和中职子女的家庭，其经济压力越大。一名非贫困户受访者曾给我们算过其正在读高中的孩子一年的基本费用：学杂费 1000 元、伙食费 1600 元、住宿费 500 元、交通费 480 元、通信费 400 元、校服费 120 元，共计 4100 元。而供养一名在读大专及以上学生的费用，在这个基础上起码再增加 2000 元，超过 6000 元。此费用对于金山村仅 3560 元的农民人均纯收入而言，显然是比较高的。例如 2015 年靠发展烤烟及养鸡顺利脱贫的陈忠华家，2016 年秋季长女陈家梅考上省外大学，且另有两个女儿在读中学，即便有政府助学补助，月开支仍然增加 600 元，最终整户被扶贫工作组判定为"返贫"。

交通条件障碍是金山村由来已久的重要致贫原因之一，时至 2016 年上半年，全村还有龙山坝、坟山、地冲、泡木山四个村民组涉及 42 户近 160 人未开通公路。由于山高坡陡，一些农户家庭出门连骑摩托车都很困难，如从龙山坝的一些农户家出发，步行到村委会就需要近 50 分钟，若要发展养殖或出售农产品，则所花费的时间和人力成本必然更高。2016 年底，龙山坝到邻村的公路顺利开通，同时，坟山、地冲、泡木山三个村民组被列入整体搬迁名单，相应的交通问题得到较大缓解。但全村交通条件限制的问题依然存在：一是还有少量计划搬迁户因各种因素拒绝搬迁；二是金山村一些农户习惯离群索居，至今仍生活在离通组公路有一定距离的灌木石山区。这成为金山村扶贫行动中搬不动、路难通的头痛问题。

再从致贫的主观因素看。白云山镇向上级的汇报材料中多次指出"金山村智力扶贫任重道远",并提及一些贫困群众思想上存在两种倾向。一是懒,有的人对进厂务工期望值过高,嫌苦怕累,嫌脏怕臭,高不成低不就,往往坚持不了几天就不辞而别。二是怕,主要源于个人思维意识与外界脱节,对国家政策缺乏认识理解,从而容易畏首畏尾。如有的贫困户对"特惠贷"持排斥态度,哪怕村委会、合作社愿意担保都不敢贷、不愿贷。这两种倾向相互交织,再加上扶贫任务的时限要求,甚至进一步刺激了个别农户的等靠要思想。村支书曾举过一例:建档立卡贫困户何××,年仅51岁,家中有水田有旱地,育有4个孩子,老大、老二初中没毕业就已外出打零工,另还有两个孩子在上小学。何本人身体健康,但仅有小学文化程度的他却生性懒散,喝酒和睡觉是其最大爱好。何长期懒于打理自家田地,甚至对村里安排的务工机会也不愿意多干,最后逼得老婆不辞而别。有时上午十点,村干部走访到其家中,何本人还在睡觉。不少村干部说,何这种情况并非孤例,一些农户正是因为懒而收入低下,因为懒而家境贫困。但这样的贫困户却"理直气壮"地搭上政策便车,享受到诸多优惠红利。此类现象,确实会引起不少农户的不满。

第三章

组织机制

我国脱贫攻坚之所以取得举世瞩目的成就，在于能发挥中国特色社会主义"集中力量办大事"的政治优势和组织优势，确保党中央的各项战略部署能不折不扣、一以贯之获得落实。精准扶贫精准脱贫方略，作为党中央十八大以来对扶贫开发工作的新部署新要求，以突出精准性和实效性为方向，以强调高度聚焦和责任落实为抓手，在"中央统筹、省负总责、市县抓落实"的总体行动框架下，通过层层签订脱贫攻坚责任书，逐级压实落实脱贫责任的路径，精准构建起省、市、县、乡、村五级书记一起抓的压力传导环境，为我国彻底打赢脱贫攻坚战奠定坚实的组织保障基础。显然，组织机制对于推动金山村精准扶贫精准脱贫工作起着中枢作用。

第一节　运行机制及其发展历程

2016 年对于金山村脱贫攻坚工作有着重要的标志性意义。从这一年起，金山村迎来了从省到县前所未有的关注。这不仅体现为人力、财力、物力的投入大幅度增加，还反映为村脱贫攻坚工作在运行管理机制上持续提升，从而更加突显效率、更加强调质量。我们认为，金山村脱贫攻坚运行管理机制发展大致可以分为以下三个阶段。

一　提速阶段

2016 年，长顺县委、县政府提出建立县、乡、村"三级联动"脱贫攻坚工作机制，并在县、镇两级实行党政主管领导任组长的脱贫攻坚工作领导小组。为对应上级脱贫攻坚领导体系，当年 2 月，金山村也成立了村脱贫攻坚领导小组。领导小组以白云山镇人民政府包村领导为组长，驻村第一书记、村支书为副组长，开始全面介入村里日常扶贫工作。从分工看，驻村第一书记应做到掌握全村扶贫信息，全力配合村两委围绕精准扶贫精准脱贫各项工作，对外沟通协调，对内统筹推进，并努力强化贫困户对驻村工作的知晓度及认可度。村两委主要负责人则承担村级扶贫主体责任，同时必须熟悉本村的基本情况、总体扶贫信息，以及能熟练掌握贫困识别、退出基本流程和相关扶贫政策。该领导小组的建立运行，旨在强化第一书记与村两委领导的责任，进而推动各项脱贫攻坚任务顺利落实。

此外，金山村还建立起同步小康驻村工作机制。2016年春，省检察院作为副省级单位定点挂帮长顺县，并对长顺县派出一支由8人组成的同步小康驻长顺扶贫工作队。经与县里沟通，省检察院工作队将金山村作为对长顺县开展驻村帮扶的重点行政村之一。同时，因长顺县系黔南州民政局的州级定点挂帮县，故省检察院与黔南州民政局分别派出一名干部对金山村进行驻村帮扶，并与长顺县本地帮扶干部共同组建起同步小康驻金山村工作组（以下简称"工作组"）。工作组成员由7人组成，组长杨晓霜是省检察院处级女干部，非党员人士，工作经验丰富。第一书记金帼昌是来自长顺县发改局的干部，对金山村情况熟悉，便于开展工作。此外，队员中还有来自黔南州民政局、长顺县政府办、白云山镇政府的3名干部，以及一名大学生村干部和一名农村"知识青年"（见表3-1）。

总的来看，该工作组实际上就是驻金山开展帮扶的各方力量所联合起来的团队，故有着一定"灵活性"。按上级要求，工作组对金山村帮扶的职责包括"强化基层组织建设"和"推动精准扶贫"。具体而言，工作组成员需要按照《贵州省第一书记管理办法（暂行）》各项要求，掌握贵州省同步小康驻村工作督查26项重点知识，并充分了解金山村村情民情，尽快适应驻村帮扶角色，从而提高金山村贫困识别、贫困帮扶与贫困管理等各项工作成效。

同时，工作组还需要完成驻村纪实台账（简报）、工作日记、村级规划、项目申报、述职评议、工作总结等驻村资料，确保所有工作留有痕迹。为此，工作组还明确了纪律，要求成员每月在岗时间不得少于20天，且须严格考勤。此外，工作组组长与驻村第一书记还需要参加白云山镇相关扶贫工作会议，为全镇脱贫攻坚工作建言献策。工作组成立之后，雷厉风行，迅速打开工作局面，在短时间内使全村在基础设施建设、农业产业发展、医疗卫生等多方面都发生了重大变化。

表3-1　佘山村同步小康驻村工作组成员（2016~2018年）

姓名	职务	工作职责
杨晓霜	组长	宣传党的方针政策，帮助建强基层组织，帮助推动经济发展，帮助推动精准扶贫，帮助提升治理水平，帮助为民办事服务
金帼昌	第一书记	宣传党的方针政策，帮助建强基层组织，帮助推动经济发展，帮助推动精准扶贫，帮助提升治理水平，帮助为民办事服务
李敏	成员	按照组长和第一书记的安排，完成好各项驻村工作
罗翰东	成员	按照组长和第一书记的安排，完成好各项驻村工作
陈雄	成员	按照组长和第一书记的安排，完成好各项驻村工作
李永林	大学生村干部	按照组长和第一书记的安排，完成好各项驻村工作
韩有发	农村"知识青年"	按照组长和第一书记的安排，完成好各项驻村工作

资料提供：佘山村两委。

二　整合阶段

2017年2月，为贯彻落实贵州省委省政府关于脱贫攻坚工作新的部署，进一步强化全县脱贫攻坚"临战"氛围，长顺县委、县政府在县扶贫开发工作领导小组的基础上，对全县脱贫攻坚组织机制做了进一步强化。一是设立长顺县脱贫攻坚指挥部，总指挥长由县委书记、县长分别担任。指挥部根据长顺县地域狭长的特点，分设起南北两大战区、1个办公室（设在县扶贫局），并根据扶贫重点乡镇设7个前线指挥部，每个前线指挥部指挥长由1名县委常委担任。二是为保障各项任务有效推进，设立资金保障、产业扶贫、通组公路、农村危房改造、农村饮水安全等10个县级工作专班，在政策研究、技术方案、资金筹措等方面形成保障。三是针对计划"摘帽"乡和计划出列村，组建由县四大班子领导干部任队长的脱贫攻坚队，通过"汇总力量、聚焦重点、整合财力"的办法，确保"摘帽"目标顺利推进。作为长顺县北部乡镇中唯一的省级一类贫困村，金山村自然在此之列。

金山村脱贫攻坚队（以下简称"攻坚队"）由来自县委县政府、县卫生健康局、黔南州民政局、白云山镇政府对金山村开展帮扶工作的19名干部和6名村干部联合组成（见表3-2），县委副书记魏晓燕和县委常委、副县长王胜权则分别担任攻坚队队长和常务副队长。金山村脱贫攻坚队的及时建立以及由县重要领导挂帅，一是凸显出该村在全县脱贫攻坚大局中的特殊位置；二是能进一步压实有关各方责任；三是进一步加速驻村帮扶力量整合，包括与原同步小康驻村工作组实现融合，从而形成以县内帮扶力量为主，更为稳定且参与人数更多的驻村帮扶团队。

攻坚队的基本运行机制是根据县脱贫攻坚指挥部总体

部署要求，与白云山镇党委及政府定期会商，把每月金山村脱贫攻坚的工作内容、目标任务、工作进度、责任部门等绘制成"作战图"，并报县脱贫攻坚指挥部审批。县脱贫攻坚指挥部办公室在审批之后，随即以文件形式对金山村脱贫攻坚队下发《长顺县金山村脱贫攻坚队×月工作指导单》，从而对金山村脱贫攻坚工作实现清单化管理。在接到上级每月工作指导单后，攻坚队即围绕其中的重点内容制定每周工作计划和个人任务"订单"，最后将责任直接细化到人，时间细化到天。攻坚队"订单"式任务的完成情况将由队长在每月的县扶贫工作调度会上进行报告。此外，村攻坚队的日常工作还包括三方面。一是做好精准识别常态化管理工作，及时做好查缺补漏，确保系统数据清晰。二是做好村贫困户档案管理工作。特别注意收集整理综合档案资料，及时按目录清单归档整理。三是进一步强化业务学习。熟悉掌握贫困识别退出程序、贫困村出列标准，以及村各项底数基本情况等关键信息等。

表3-2　2017年金山村脱贫攻坚队人员

姓名	队内职务	单位职务	姓名	队内职务	单位职务
魏晓燕	队长	县委副书记	王胜权	常务副队长	县委常委、副县长
罗正美	副队长	县计生执法督察队队长	秦克玮	队员	县卫生健康局干部
田泽龙	队员	县卫生健康局干部	杨志飞	队员	县卫生健康局干部
严万和	队员	县卫生健康局干部	陈晓历	队员	县卫生健康局干部

姓名	队内职务	单位职务	姓名	队内职务	单位职务
陈粉	队员	县卫生健康局干部	秦克昱	队员	县卫生健康局干部
朱大成	队员	县卫生健康局干部	许光彩	队员	县卫生健康局干部
赵兆东	队员	黔南州民政局干部	代武	队员	金山村第一书记
陈国江	队员	金山村两委人员	陈玉周	队员	金山村两委人员
陈伟	队员	金山村两委人员	李定国	队员	金山村两委人员
王章明	队员	金山村两委人员	简荣	队员	金山村两委人员
陈勇	队员	白云山镇干部	赵发章	队员	白云山镇干部
罗世维	队员	白云山镇干部	陈光华	队员	白云山镇干部
陈雄	队员	白云山镇干部			

资料提供：白云山镇扶贫工作站。

三 提质阶段

提质阶段主要在 2018 年之后。随着脱贫攻坚进入三年总攻时期，突出实效、以临战状态提升精准扶贫质量成为长顺县工作重点。对此，长顺县扶贫开发领导小组提出要构建全县脱贫攻坚"扁平化"指挥体系。一是强化"下管两级"责任。明确县领导各自领衔，将工作重心下移以壮大一线脱贫攻坚力量，并从县直单位增派 1175 名干部再充实各地脱贫攻坚队。二是推行"网格化"管理。构建起乡、村、组三级网格精准管理体系，实行横向到边、纵向到底的脱贫攻坚网格化管理体系，确保脱贫攻坚质量。

2018年5月底，金山村网格化管理工作启动，并以集中、就近、等量的思路，将全村28个村民小组划分成18个网格。网格员基本上来自村脱贫攻坚队（见表3-3），但没有村两委干部在列，或许是为确保各网格员客观公正，并进一步压实帮扶责任。由于县卫生健康局是金山村的县级挂帮单位，因而村里绝大部分贫困户的帮扶责任人（也称"包保责任人"）也来自该局。按照上级要求，村网格员必须把脱贫攻坚任务"包保到人"，并实行包基本信息准确、包落实政策情况准确、包性质判断、包佐证材料、包算账和措施、包群众认可度的"六包"责任制。此前，村里一名帮扶责任人大致需要具体帮扶8~15户贫困户，且必须做到对所帮扶贫困户走访常态化[1]。实行网格化管理后，实际上是把驻村帮扶干部们的工作责任进一步扩大，从单纯关注所帮扶（包保）的贫困户，转向关注周边更多农户，甚至覆盖一个或两个村民小组，从而实现"贫困人口管理关口前移"。在具体实施中，村网格员的责任还包括：对所辖网格区域内的农户信息进行全方位、全覆盖式动态管理，精准掌握农户诉求，精准落实惠民政策，精准推动当地经济社会发展，确保对贫困监测不留死角，使扶贫工作不留盲区。在开展网格管理中，各网格员还需要执行"一学二访三会四评五公示"的

---

[1] 从2017年起，长顺县扶贫开发领导小组要求帮扶干部于每月17日集中开展"扶贫一日行"入户走访所帮扶贫困户，以及时解决其实际困难，确保如期稳定脱贫。

驻村工作法①，确保从整体上提升贫困识别、退出准确率和群众认可度。2018年6月4日，村网格员开始进行逐户走访调查。其间，网格员还会通过组织群众召开院坝会、田坎会等，及时查找网格内脱贫攻坚工作仍然存在的问题，并向群众开展政策宣讲，共商解决办法。时至6月21日，村网格员们的第一次入户走访工作方告结束。

表3-3 金山村脱贫攻坚网格化管理人员

村民小组名	网格员	单位职务	村民小组名	网格员	单位职务
对窝井	王胜权	县委常委、副县长	金山	罗正美	县人口计生执法督察大队大队长
烂塔	陈光华	白云山镇干部	沙坑二、沙坑三	陈粉	县卫生健康局干部
摆省	赵兆东	黔南州民政局干部	打开冲	秦克玮	县卫生健康局干部
翁糯一、翁糯二	陈晓历	县卫生健康局干部	下麻窝、唐家冲	秦克昱	县卫生健康局干部
半坡、翁卡	田泽龙	县卫生健康局干部	大龙山、小龙山、龙山坝	陈勇	白云山镇干部
平山	赵发章	白云山镇干部	松章	陈雄	白云山镇干部
马井	严万和	县卫生健康局干部	泡木山、地冲	朱大成	县卫生健康局干部
沙坑一、沙坑四	徐光彩	县卫生健康局干部	崇拜地、雷打坡	杨志飞	县卫生健康局干部
坟山、下格正	代武	驻村第一书记	上格正	罗世维	白云山镇干部

资料提供：金山村两委。

---

① 这是长顺县扶贫开发领导小组对帮扶干部所提出的工作要求，即一要学政策学标准，二要逐户走访农户，三要召开组内群众会，四要召开村民代表评议会，五要将评议结果进行公示公告。

第二节　支撑机制

显然，金山村脱贫攻坚工作组织机制是一套"组合拳"。一方面，为从整体上提高工作效率，村脱贫攻坚的基本运行机制需要不断调整、改进和完善。另一方面，为不断强化每一名帮扶人的责任意识和工作能力，以下两种支撑机制同样不可或缺。

一　督查问责机制

2017年春，我们进入金山村第一天，就感觉到村委会紧张的气氛。村干部们不是在忙着召集各村民组组长开会，就是在忙着整理"一户一档"材料，询问后才知，原来是接上级通知，县里近期要下来督查扶贫工作。督查问责，可谓防止乱作为、不作为、慢作为，确保政令畅通的"重武器"。长顺县脱贫攻坚督查机制的主要特点包括两点。一是构建全方位督查阵型。在县扶贫开发领导小组统一部署下，县督察督办局负责牵头，扶贫、发改、财政、移民、教育、卫生等多个职能部门共同参与，围绕上级对脱贫攻坚工作各项部署要求，组建成数量、规模不等的工作督查指导小组，以及时对全县各乡镇（街道）展开相关业务督查及指导。其具体形式主要有专项督查、平时督查和重点督查三种。二是强化"调度推进"高压督查态势。首先，通过县级调度压实责任。实行县委一月一调度、政府半月一调度，乡镇（街道）党委一把手集中述职的脱贫攻坚调度工作机制，并实行两月一排位制度。其次，通过专项调度督促落实。县扶贫开发领导小组办公室直接牵头，实行常态化专项工作调度机制，以确保各项决策及时贯彻落实。具体是各镇（乡、街道）指挥部每月由挂帮县领导进行一次全面调度，重点研究解决各阶段工作存在的突出问题，并倒排工期，逐一销号。最后，通过现场调度查补短板。如通过召开"夏季大比武""秋季攻势"等大型现场观摩会，督促各乡镇及时查找自身问题和不足，以进一步强化比学赶超攻坚氛围。与此同时，长顺县也在不断建立健全相应问责激励体系。重点围绕省、州、县三级对全县脱贫攻坚工作督查巡视所发现的问题，开展相应追责问责，并采用诫勉谈话、通报批评甚至党纪立案等方式对相关工作不力干部进行适当处理。同时还通过建章立制，从待遇和精神上激励能干事、干成事者"不吃亏""有盼头"，从而全面构建出"倒逼履责到位，促进工作落实"的立体攻势。

突出整改成效，是开展督查问责的出发点和落脚点。这一点，金山村脱贫攻坚工作的进程中有着丰富例证。2017 年 6 月，县督查指导小组对白云山镇进行了脱贫攻坚问题专项工作督查情况反馈，就精准管理、基础设施、产业发展、帮扶成效等方面提出 18 个问题，并要求整改。在白云山镇党委的统一组织下，金山村随即成立由镇领导、村两委、驻村工作组等几方人员组成的精准扶贫专项工作组，以落实此次整改。其具体工作重点包括：围绕精准管理问题，对"一户一档"、精准识别退出等方面问题进行再梳理、再核实；围绕责任落实问题，针对结对帮扶、易地扶贫搬迁后续保障等问题努力改进精准帮扶工作，切实提高群众满意度；围绕重点领域问题，努力查找基础设施建设、产业支撑、因户施策等方面"病根"，并通过建立整改台账、明确具体责任人及整改时间等措施，确保整改出成效。整改最终结果将由白云山镇党委上报县扶贫工作领导小组。类似的督查整改流程，对于金山村脱贫攻坚团队而言可谓家常便饭。一位驻村帮扶干部曾坦言：虽然时有"疲于奔命"之感，但正是一次又一次的脱贫攻坚督查整改"洗礼"，使村脱贫攻坚工作"方向上更准确，行动上更有力，效果上更明显"。

二　学习培训机制

为进一步增强各级干部在扶贫开发工作中的政治意识和责任意识，提高其扶贫政策水平和工作能力，长顺县还把持续强化扶贫干部业务能力作为推动精准扶贫工作管理的重要抓手。

参加各级各类脱贫攻坚相关业务学习培训，对于金山村脱贫攻坚团队而言有着迫切需求。一是因为村脱贫攻坚队队员们大多来自非农部门，此前对于脱贫攻坚工作认识较少，以致初来乍到时缺底气、少章法的情况较为普遍。二是脱贫攻坚工作时间紧、任务重，上级对于相关各项部署安排常做出调整，不少新的政策、要求和操作规范需要一线人员及时领会执行，故无论对于驻村工作队员还是对于村干部，都会根据"因人施培、因产施培、因岗定培"基本原则，随时开展相关学习培训。

具体而言，村脱贫攻坚团队参与的学习培训活动包括以下类型。一是脱贫攻坚业务培训。培训内容涉及政策学习、精准识别、精准帮扶、申报项目、资金使用、资料管理等诸多方面。培训对象覆盖村脱贫攻坚队领导、镇包村领导、全体驻村干部、村两委及村民组组长等。培训形式一般是开办培训班，并分期分批在县、镇两地举行。二是专题培训轮训。这是围绕上级部署的阶段性重点任务，由县、镇两级分别及时组织的专题培训轮训，其特点是针对性强，能满足脱贫攻坚工作中的一些迫切需求。具体内容涉及"两率一度"、易地扶贫搬迁、危房改造等多方面，培训对象主要涉及驻村扶贫人员及村两委干部。三是网络视频学习。根据上级通知，村脱贫攻坚团队全体成员还需要通过网络或电视集中收看全省统一组织的"新时代学习大讲堂"及"时代前沿知识讲座"，通过收看权威专家对国家大政方针的宣讲，不断增强使命感、责任感，进而充分履职行责。四是以会代训、以考代训。参加县、镇两级经常性召开的专题会、现场会、调度会、电视电话会等，对于村脱贫攻坚团队成员而言，显然都是一次又一次的业务学习。此外，县镇两级还通过集中组织考核测试脱贫攻坚知识的形式，进一步强化驻村帮扶干部和村干部村对县情及脱贫攻坚相关政策的熟悉掌握程度。

第三节　基层组织建设

基层党建对扶贫成效无疑起着不可替代的重要作用，因为基层党组织最熟悉乡村客观情况，最了解贫困人口实际需求，一个强有力的基层党组织必然是全村打赢脱贫攻坚战的"主心骨"。2017 年以来，金山村的基层组织建设也有了一定进步。

第一，村党务、村务公开制度得到不断完善和规范。一是进一步强化对支部工作和党员的管理。金山村先后制定了支部工作制度，党组织生活制度，党员教育管理制度，村干部工作制度，党员组织生活制度，村干部工作承诺制度，党务、村委、财务公开制度等。村两委主要负责人在带头做表率的同时，还在全体班子成员中建立了严格的考核机制，将对制度的遵守落实与个人的工资、奖金挂钩，以更好地激励村各项制度平稳运行。二是努力强化村务公开。主要体现为严格执行村党务、村财务公开制度，除村重大事务及时公开外，每季度还会通过张贴文书、村民代表会口头传达等形式公开一次。在村经济财务方面，每季度村监委会会依照村民主理财、民主管理制度，对村两委所有收支情况进行逐项审核，杜绝一切不合理开支。

第二，通过参加多轮反复相关业务培训，村干部能力水平得到普遍提高。2017 年以来，金山村全部在册干部均参加过县相关部门及镇政府举办的各类扶贫工作业务培训会议，这些培训主要包括"两率一度"工作、危房改造、易地扶贫搬迁、产业扶贫、党建管理等方面，"开会""学习"已经成为全体村干部日常工作中的关键词。不仅如此，为学习先进地区相关建设和产业发展经验，开阔全体干部、党员的视野，提升脱贫致富的带动能力，2017年，村两委还分别在6月和8月组织全体村干部、村民组长、党员和部分村民代表到安顺市平坝区塘约村、织金县猫场镇考察学习。考察主要采取听取经验介绍和现场观摩调研相结合的方式，通过学思路、找差距，为本村发展积累经验。

第三，各级督查考核不断压实责任。县级定期或不定期督查检查，以及白云山镇所组织的系列考核使村两委班子始终处于"高压"状态，村两委干部之间，镇内村与村之间，在工作成绩、工作水平等方面产生明显竞争，客观上激起了全体村干部前所未有的工作主动性。不仅如此，白云山镇党委还创新出"以考促建"的办法，2017年6月16日，白云山镇举行"白云山镇脱贫攻坚大会考"，考试对象包括镇党委书记在内的镇、村各级相关干部和各驻村第一书记。考试规则是90分以上合格，70~89分允许补考一次，70分以下不合格。凡不合格一人，其所属部门或村年终考核扣一分。考试地点设在白云山镇中学。在开考前半小时，金山村支书陈玉周与其他兄弟村支书才接到考务会通知，冷不防成了"考官"。当"考官"们拿着密封好的试卷严肃地走进考场后，不少参考人员才意识到这场考试的严肃性，并自觉上交手机及资料，开始埋头答题。当这场考试结束后，先前的考生们又有人被抽出变成"考

图 3-1 村干部走访贫困户

（陈玉周拍摄，2017年4月）

官"，监督各村支书在规定时间内进行同样闭卷答题。一周后，考试结果公布下来，金山村全体村干部这次考试的成绩基本达标。显然，成绩基本达标的背后，是大家克服日常工作事务多、杂、累等困难，努力学习记牢应知应会知识点的结果。

第四，实行"组管委"模式，提高村民自治能力。2018年6月，金山村28个村民小组的"村民小组事务管理委员会"（简称"组管委"）先后成立，全村的村民自治由此迈上新的台阶。组管委成员通过组内村民投票选举产生，基本由公道正派且有一定威望的组内共产党员、寨老及热心人士等组成。各村民小组组管委成立后，大都能充分发挥起"共商、共管、共治"组内事务的作用，真正打通"最后一公里"。一方面组管委召集会议活动更为灵活方便，必然成为村两委宣传政策、传达通知的得力助手。另一方面组管委熟悉寨内事务，代表群众利益，并能有效组织村民制订一些涉及道德伦理、土地利用、环境保护、红白喜事等方面的"组规民约"，既增加了村民对寨子的认同感和归属感，也进一步激发了大家主动作为的热情。组管委成立后，无疑为全村脱贫攻坚工作增加了一支"生力军"。

第五，硬件基础设施得到极大改善。2017年下半年，长顺县委组织部拨款80万元，用于金山村委会新办公楼建设。在白云山镇党委政府的支持配合下，金山村逐步克服了建设资金仍存缺口、后期办公设备添置费缺乏等困难，于2019年6月建成新的村办公楼并投入使用。新的办公楼分区更为完善、服务功能更为健全，大大增强了干部群众工作、会议、办事的便利性。

专栏三　金山村村支书任职一年后的基本体会

37岁的陈玉周是一名拥有大专文化的布依族退伍军人，原白云山镇派出所辅警，2016年9月开始担任金山村村支书。据陈玉周本人介绍，2016年下半年，白云山镇党政领导班子就开始酝酿更换金山村党支部书记问题，原因是原村支书"年纪较大""不会使用电脑"，特别是"在新形势下领导全村脱贫攻坚可能存在一定的能力问题"。因此，当地出生且年轻干练的陈玉周随即成为新的金山村支书主要人选。上任之初，陈玉周坦言"不是很有底"，因为金山是一个由布依族、苗族两个世居少数民族共同组成的大行政村，扶贫工作难度在长顺北部乡镇可谓首屈一指，且本人又缺乏相应领导工作经验。不过，作为一名共产党员和退伍军人，陈玉周的内心更多是升腾着一股决心改变家乡面貌的壮志豪情，以及沉甸甸的责任感。

上任伊始，抱着想大干一番念头的陈玉周却惊讶地发现，仍有一些留任村干部对全村 28 个村民组基本情况缺乏基本了解，甚至对包片村民仍然对不上号。对此，陈玉周上任的第一件事，就是先花了半月时间跑遍全部村民组，并走访所有在家贫困户，连离村委会最远且离群索居的贫困户也按时走访完毕。此外，陈玉周还意识到，金山村的发展离不开全村 60 多名党员的带头作用。对此，陈玉周提议根据居住区域、民族等因素，把全村全体党员分设出 4 个"带头小组"，并把其中能力较强的简远富、王昌明、陈国俊和杨永泉等 4 人任命为小组长，每个小组成员为 10 余人。小组的主要工作职责是"积极宣传党的各项政策"和"带领大家共同致富"。不过，在后来的实际运行过程中，陈玉周发现小组负责人的积极性参差不齐，表现消极比表现积极的多，总体效果并不理想。对此，陈玉周分析原因有两点：一是党员普遍年龄偏大，有心无力者较多；二是缺乏基本的激励机制，部分同志的工作积极性始终提不起来。作为新任支书，陈玉周越来越感觉到众口难调，工作上"有人家讲好、也有人讲歹（不好）"，只好咬牙坚持，凭良心干下去。

办公经费紧张是陈玉周上任以来一直感觉"压力山大"的问题之一。2017年初,金山村应获得的财政办公经费约有3万余元。但由于2016年金山村在镇里的各种考核不达标或排名不理想,反被扣款或罚款共计6万余元。由于村里缺乏集体经济收益,目前村两委办公经费寅吃卯粮,靠向镇财政借支维持运行。陈玉周还举例:从上任到2017年11月,其本人因下组、开会、跑项目而给私人汽车加油的费用已达1万多元,但这笔钱至今缺乏报销途径。再如:村食堂曾经开办过一段时间,但由于经费紧缺,长期拖欠炊事员工资,炊事员辞职不干,食堂由此停摆。

在驻村帮扶工作方面,陈支书主要谈了两点评价。一是其对所经历的两任驻村第一书记的印象,上任第一书记由于家属患重病,精力时间有牵挂,工作成效不够明显。现任第一书记在工作积极性、主动性上则相对较强,特别是在资料整理、往上往下的跑动上会有更多办法。总之,第一书记的工作能力和工作热情对于全村脱贫攻坚工作的影响是显而易见的。二是关于(包保)帮扶责任人,每个月绝大多数责任人会按照县里统一要求来看望贫困户,但总体效果并不是太好,其原因是帮扶人本身并不专业,对于如何履行帮扶责任认识有限,有些人仍然缺乏基本的工作热情。

在产业扶贫方面,虽然贫困户基本实现项目覆盖,但不少贫困户对项目认同感并不强。村里最感头痛的是,明明贫困户在项目上获得收益,但当上级来调查时,很多人会矢口否认，即便有村干部当场拿出事实质问，有的贫困户也会发出"只得这一点点也算？"之类的疑问。贫困户对于扶贫工作的理解有限，也许是理解问题，也许还有故意回避的问题。对此，下一步还是应进一步引导并加大宣传力度，特别是要进一步深入村民组，组织农户开会，要多次开，经常开，不能光靠村民组长传达信息。

因病致贫、因病返贫问题已经成为金山村近年来主要贫困特点之一。按照上级通知，金山村新农合2017年度的缴费标准是150元/人，而且是以家庭为单位缴费。这意味着金山村农户对此的支出少则几百元多则上千元，的确不算一笔小的开支。虽然缴费时间长达5个月（从上年11月至次年3月），但催收新农合缴费仍然是金山村干部们头痛不已的事。新农合开展时间已长达10年，绝大多数农户应已基本理解参保的重要性，但仍有不少村民会心疼钱，有人会心存侥幸地认为自家人身体不错，生病去镇上买点药吃就行，"犯不着出那笔钱"。当然，也有部分家庭纯粹是没钱缴纳。到缴费截止时间，金山村的参合率勉强达到90%的县定标准。这一达标其实来之不易，首先是村支书和村主任率领全体村干部分头挨家挨户代收的结果，看到村领导都到家了，金山村民朴实的本性此时多会流露出来，有的会不好意思地解释说"忙忘记了"或者说"去村上没找到人"等，然后去里屋摸索一会儿拿出钱来交给村干部。村干部们也不含糊，马上收钱、开票，当场就使钱票两清。用这种办法，村干部们有时一个晚上的工夫就可以代收到一两万元。其次是村里"垫缴"的结果，虽然对村民们的新农合缴费通知口径是自愿自费，但事实上，上级早有要求建档立卡贫困户的新农合参合率必须达到 100%，这是一个硬指标。遇到的确无钱缴费的贫困户，按镇里要求，金山村委会必须得想法代其垫上，不能漏掉任何一户贫困户。对此，金山村委会只好先拿出部分村办公经费和上年烟草公司对金山村的烤烟收购奖励款垫上。按照陈支书的统计，这笔垫资费用高达八万余元。由于 2017 年度金山村烤烟种植面积大幅度减少，烟草公司的收购奖励款将大幅度缩水甚至没有，如果下年还出现大量为贫困户垫缴的情况，陈支书说可能只得请镇财政想办法解决。

（根据 2017 年 10 月 17 日课题组与

村支书陈玉周会谈录音整理）

第四章

"两率一度"提升之路

2016 年 2 月起,《省级党委和政府扶贫开发工作成效考核办法》《关于建立贫困退出机制的意见》等系列重要考核文件陆续出台,首次明确了地方脱贫"摘帽"的基本标准和基本程序。由此,以是否满足"两不愁三保障"为核心判断标准的贫困人口识别准确率、贫困人口退出准确率,以及群众对驻村工作满意度,全面升级为中央对地方扶贫开发工作成效考核工作的重中之重。在这样的大背景下,金山村的"两率一度"提升工作同样也在紧张推进。

第一节 贫困人口识别

新增贫困人口识别是一项相当谨慎的工作，按照"应扶尽扶"原则，"漏评"现象一旦发生，势必属于村脱贫攻坚工作中的重大失误。但因"错评"而导致全村贫困发生率上升，也同样会产生一系列不良后果。

一 贫困识别的基本流程

2014～2016 年，金山村的贫困人口识别主要还是遵照上级下达指标，即所谓"规模控制"。"规模控制"是指在 2014 年精准扶贫建档立卡工作启动之初，贵州省的贫困户数据主要是有关部门测算所得。由于时间紧任务重，且暂无更为优化的方案，故贵州省扶贫部门决定将所测算数据汇总为贵州省贫困人口基数，并以"指标"形式，层层分配到各市（州），再逐级推行到各县、乡、村。由于金山是白云山镇唯一的一类贫困村，故所获贫困户指标相对多于周边其他村，即便如此，金山村所获名额也仍然有限，存在着一定数量的"漏网之鱼"。

2017 年 2 月，根据全省统一部署，长顺县发起了"春季攻势"，狠抓"扶贫对象再精准"工作成为此次行动的重要内容。行动伊始，金山村攻坚队即在全村范围展开"拉网式"排查，以充分掌握全村贫困农户基本情况。在此过程中，各攻坚队员还会采用"四看法"①等初估形式甄别、记录"疑似漏评"的重点关注对象。最后，攻坚队与村两委通过会商研判，形成全村新增建档立卡贫困户初选名单，并随即按相关规定进行如下评审流程。

首先，开展组级评议。由攻坚队与相关村民小组长负责召集村民小组评议会。参会农户原则上不能少于小组住户的一半。会上，由村民小组长当众宣布本组申请纳入建档立卡贫困户管理系统的农户名单，参会农户们则主要采取举手表决形式完成评议。其实，碍于左邻右舍情面，组级评议通不过的现象并不多。按照程序要求，参会农户还应在组级评议通过名单上签名。

其次，进行村级评议。村两委在汇总各村民小组的申报名单后，随即组织召开村民代表评议会，参会人员除了申报者外，还有由全村村民小组长及村党员共同组成的村民代表"方阵"，攻坚队队员及镇村两级与会干部则列席旁观，一般不参与讨论。会议上，先由申报者逐一介绍自己的申报理由，并当场接受村民代表提问。必要时，其所属村民小组长也可以协助其作答或解释。村民代表会当场对所有申报者进行投票表决。在此过程中，村监委均须履行职责，负责监督控制现场表决程序。在综合村民代表投票结果后，村攻坚队则与村干部立马抓紧会商，并进行综合讨论评判，最终形成"拟新增建档立卡贫困户上报名

---

① 这次"春季攻势"，在收入判断上，县里仍使用 2016 年国定贫困线标准（农村居民家庭人均纯收入 3146 元），在"四看法"（一看房二看粮、三看有无读书郎、四看劳动力强不强）判断上，则根据贵州省扶贫办下达的评分标准，60 分以下为贫困。

单"，并在村中进行第一次张榜公示，公示无异议后即上报镇扶贫开发工作领导小组审核。

最后，完成镇级审核和县级复核程序。镇扶贫开发公作领导小组在安排镇扶贫工作站进行入户核实无误后，随即在镇里进行第二次张榜公示，经公示无异议后提交县扶贫局审核。县扶贫局则一般会以随机抽查的形式进行复核，复核无误后将镇里新增贫困户批复名单反馈给白云山镇政府，并由镇政府将批复名单进行张榜公告。公告结束后，镇扶贫工作站择机将该新增贫困户名单录入全国精准扶贫建档立卡管理系统。

二 贫困识别中的"查缺补漏"

贫困识别工作千头万绪，不仅事关农户切身利益，更关乎脱贫攻坚大局。但"查缺补漏"始终还是金山村推进贫困识别工作的关键词。

首先，注重查补结合并循环推进。一是重视每一次贫困识别中所采集到的敏感信息，并积极采取措施处置。这已经成为村脱贫攻坚团队的工作习惯，如若有村民反映"应纳未纳入""应退未退"之类情况，攻坚队的基本流程是"及时登记，快速上报"，力争短期内组织人员对存疑对象进行入户核实。二是强化识别与帮扶的有机统一，着力于因户施策。攻坚队会根据识别过程中所掌握信息，全面梳理村中贫困户所获帮扶措施情况，尤其注重均衡关注已脱贫户、拟脱贫户及未脱贫户三种类型的帮扶措施到位情况，并力求按照"缺什么，补什么"的原则展开帮扶，确保政策阳光不漏一户一人。三是切实强化"一户一档"信息管理，确保基本数据精准。如常态化排查结婚、生育、死亡等农户人口自然增减情况，并形成需要核实的名单，最后组织人员采用逐一入户方式进行实地核查，确保所有增减人员在程序上符合标准，并经得起检验。四是及时进行信息动态管理，确保数据精准。对家庭信息及时做好台账登记，确保线上线下资料统一。 以上工作所取得的成绩包括：对建档立卡贫困户相关信息资料再完善、再调整，村动态信息管理系统删减"死亡""外嫁"类型18人，录入"新生""嫁入"类型37人，新识别贫困户5户。二是根据建档立卡贫困户致贫原因制订帮扶计划，共动员82户贫困户成功申请"特惠贷"发展种养殖业。同年7月，由脱贫攻坚队与镇村干部共同组成的村脱贫攻坚问题普查整改工作组，通过"大回访""大排查""再识别"，在全村再次开展脱贫攻坚查漏补缺工作，同时强化对贫困户的识别、退出政策的宣传力度，以及时制止"争当贫困户"现象。至此，金山村的贫困识别工作已基本步入常态化。

其次，高度关注特殊边缘农户。截止到2017年底，金山村共新增识别出16户贫困户（含返贫一户），该返贫户家中突然出现两个人患病，治疗已经花费10余万元，债务负担沉重，因而被上级核准为因病返贫。此外，村攻坚队还会重点关注一些特殊的"边缘"个案。如居住在打开冲村民组的罗进先家，夫妇均年过七旬，其在外打工的唯一儿子于两年前因为触犯国家法律而服刑，年迈体衰的罗家夫妇从此失去赡养来源，仅靠基本农活维持生计。由于儿子是服刑人员，罗家夫妇在村里一直抬不起头，对于申报贫困户也顾虑重重。村攻坚队入户核实情况，最后按规范程序将其纳入建档立卡管理系统。再如翁糯一组的农户马贵生一家，马贵生母亲曾患过麻风病，故村民们对马家长期持有恐惧甚至歧视态度。2015 年，马贵生母亲去世，由于住房已经残破不堪，已经成家的马贵生只好带着父亲及老婆孩子共 5 口人到距金山村 20 余公里的惠水县城靠打零工度日。此后，马贵生大多只为收取自家土地的少许转包费才返回金山村。通过攻坚队认真核查并向村民们做了大量宣传工作，2017 年底，马家终被成功纳入精准扶贫建档立卡管理系统，并成为 2018 年度村易地扶贫搬迁对象。

持续提高精准识别管理质量。2018 年春天，随着网格化管理的实施，村网格管理员的日常任务中加入了紧盯"两率一度"、确保"不漏一人"。对此，所有网格员须与白云山镇政府签订责任书，按照《长顺县脱贫攻坚存在问题专项治理工作方案》要求深入网格内所有农户家庭开展"漏评、错评、错退"专项治理工作。具体包括对网格内的农户人口开展排查，查找重点关注对象，并适时将相关可疑信息上报县脱贫攻坚数据分析监测中心，由该中心利用贵州扶贫云系统，比对工商、公安、财政、住建等部门数据，将不符合贫困标准的、不应纳入贫困户建档立卡管理的"四有人员"予以清退。同时，按常规始终密切关注漏识别风险对象，实现建档立卡贫困户的识别常态化管理。这一年，村网格员共完成涉及706户2900人的入户走访工作，并甄别出疑似"错评"14户49人、漏评0户、错退0户，并在"一户一档"管理中删减"死亡""外嫁"类型39人（涉36户），录入"新生""嫁入"类型55人（涉39户）。针对"错评"情况，村脱贫攻坚队一般采取以下工作步骤。首先是入户宣传动员。特别是结合国家相关政策对拟清退对象进行耐心宣传，努力化解对立情绪。其次是严格规范程序。在信息比对确凿后，拟定清退名单。然后组织村民代表开会，由村民进行集中评议，并按进程适时张贴公示公告，力求评议过程阳光透明。最后将其从精准扶贫建档立卡管理系统中移除。

图4-1　网格员田泽龙在开展入户调查

（陈国江拍摄，2018年12月）

三 低保户识别

2016 年初，金山村的低保贫困户为 2 户 10 人，低保户为 55 户 124 人，占全村建档立卡贫困户的 21.11%。至 2016 年底，全村低保贫困户动态调整为 109 户 362 人，占全村建档立卡贫困户的 49.54%。这是因为 2016 年 11 月，贵州省民政厅、财政厅、扶贫办联合出台《贵州省 2017 年城乡低保提标方案》，将贵州省 2017 年农村低保标准调整为 3580 元 / 人·年。同时提出 2017 年贵州省要推进农村低保标准与扶贫标准"两线合一"，以进一步强化两项制度衔接，力求做到应尽应保、按标施保，并执行年度审核以及常规动态管理，以确保应退尽退。该方案还规定要坚持将家庭收入作为纳入和退出低保范围的核心依据，并要求密切关注低保边缘群体的生活状况，及时将"两无"贫困人口、因灾因病返贫以及其他符合条件的困难群众纳入低保保障范围。

2016 年 12 月初，金山村 2017 年度低保识别及评议工作启动，由村两委干部及金山村同步小康驻村工作组牵头，组织各村民小组在完成民主评议后报乡镇和县审查审核，并完成了公示等基本程序，最后产生村 2017 年度低保贫困户名单。2017 年初，长顺县政府正式出台文件，宣布全县农村低保标准为 3528 元 / 人·年，平均每人每月 294 元。按此政策，金山村低保贫困户中的特殊困难户，如无劳动能力、无生活来源且无法定赡养、抚养、扶养义务人，或法定义务人无履行义务能力的 60 周岁以上的老年人、残疾人、未满 16 周岁的未成年人，以及县核准的其他特困人员等，还可以在县定低保标准的基础上，获得上浮 50~89 元的特殊困难补助。

2017 年 7 月起，白云山镇按照县统一要求，成立了镇低保年度提标核查小组，金山村也随即展开相应行动，具体工作包括两方面。一是按照新的保障标准，对现有低保家庭、新申请家庭、登记备案对象和退出低保范围的家庭的收入、财产等方面进行全面核查。将仍符合条件的低保对象继续纳入低保范围，反之则予以清退。二是对新申请享受低保待遇的对象，核实后符合条件的，则严格按照程序纳入低保范围。到 2018 年底，村里的低保贫困户再次调整为 112 户 335 人，其中长期保障对象 95 户 258 人，一般保障对象 17 户 77 人，与上年相比，总体变化不大。

第二节　贫困人口退出

贫困人口能否精准退出，无疑是地方扶贫工作成效的最直接体现。贫困人口的精准退出工作贵在准确、公平、稳定，金山村对此主要采取了如下一些做法。

首先，村里提交年度退出计划。2017 年上半年，金山村就要向镇里提交本年度全村计划脱贫名单。由于村里贫困户为全镇最多，故每年的计划脱贫任务相对较重。村两委与驻村帮扶人员，以及镇扶贫站工作人员依照当年省定贫困人口退出标准，组织各村民小组就组内的一般贫困户和低保贫困户进行评议，产生小组"拟脱贫户"名单，村两委在完成村级核实程序并公示7天后，将名单上报镇扶贫开发领导小组。2017年度金山村贫困人口退出所依照的标准是年人均纯收入3146元以上、实现"两不愁三保障"，"四看法"评分60分以上，至少获得帮扶措施一次以上，还须结合"七种不能退出"①的基本要求，只有以上条件全部达到方可纳入计划脱贫对象。

其次，做好相关宣传引导。起初，村里不少被纳入脱贫计划的贫困户都曾有过种种顾虑。害怕一旦签字确认自己脱贫，就会失去诸多"好处"，所以一些人会刻意隐瞒家庭收入实情。原因还是其对国家"扶上马送一程"政策认知不够。对此，村脱贫攻坚队员与村干部们的主要对策如下。①对"拟脱贫户"的脱贫情况进行再核实，特别要认真结合"两不愁三保障"基本要求，并综合观察其在收入、项目扶持等方面是否达标，确保其退出理由充分，防止"错退"失误发生。②通过"院坝会""田坎会"等多种形式，及时展开既面向当事人也面向其周边群众的相关政策宣传。其实，通过耐心地摆事实、讲

---

① 这是贵州省所制定的七种不能脱贫情形：一是收入不达标；二是饮水无安全保障；三是教育无保障，贫困户子女因贫造成辍学，贫困户子女因为贫困未能完成"普九"教育或"普九"阶段外（含大学、高职、中职学业阶段）未获得教育资助；四是医疗无保障，没有落实三重医疗保障；五是住房无保障，属无房户及住建部登记的C级、D级危房户，或纳入易地扶贫搬迁但未实际搬迁；六是当年因灾返贫致贫；七是未落实帮扶措施。

道理，绝大部分拟脱贫户最终都会逐渐认识到，国家对于贫困户与脱贫户的扶持政策实质上是相同的，其心中疑虑一旦解除，对于被纳入计划脱贫名单的抵触情绪就会小得多。

再次，镇里组织回访核查。2017年10月，白云山镇党委、政府责成镇扶贫站牵头，与镇水利、民政、教育以及产业办公室等部门组成精准退出镇级核查小组。一是从面上检查金山村在贫困户退出方面是否注意营造相应舆论氛围、是否能提供相应佐证材料、贫困户本人是否同意脱贫等，并查看相关会议记录、签到册和图片等。二是对计划脱贫户开展入户核查。因金山村上报计划脱贫户数较多（30户），故镇核查小组主要按50%的比例对这些拟脱贫户进行随机入户核查。入户核查主要通过询问和实地察看方式了解计划脱贫对象的退出程序是否规范，是否满足脱贫退出的标准，即"一达标两不愁三保障"落实情况、是否存在"七种不能退出"的情况。必要时，核查小组还会对不符合脱贫条件的"拟脱贫户"进行回退，以确保退出精准。三是指导整理完善对应材料。具体由镇村两级档案管理人员保持密切沟通，及时检查或完善脱贫对象的脱贫程序，确保各项数据能够前后衔接呼应，特别是签字背书时间不能出现逻辑错误。

最后，镇组织召开脱贫核准评议会。2017年11月初，白云山镇党政全体班子成员、挂村领导、镇属相关部门负责人、驻村工作组成员、各村第一书记、包村干部、各村支书和主任、村级脱贫攻坚专职人员、扶贫站全体人员悉数参加了此次会议。会议主要内容包括两点①集体学习脱贫标准，形成不能满足相应条件者坚决不予脱贫的共识。②对脱贫户进评议。先是对"争议户"进行集体评议，如中院村中院组陈××属于"一人户"，现年17岁，其父亲已故，母亲改嫁。陈本人现在外地打工，回来时多寄居在其外婆家。与会人员集体讨论认为，陈××不满足退出条件，不予脱贫。此外，大会还对各村上报，并已完成前期正常程序的93户414人无争议"拟脱贫户"进行审核并讨论，大会认为上述"拟脱贫户"满足退出条件，举手表决全票通过，认证脱贫并将情况上报县里。这次核准评议会上，金山村没有出现"争议户"，村两委上报的30户农户全部达到脱贫条件，被顺利纳入2017年镇计划脱贫户上报名单。

第三节　因村因户帮扶工作群众满意度

考核因村因户帮扶工作群众满意度，其目的是印证地方精准扶贫精准脱贫工作实效，并为科学治贫、有效脱贫进一步强化导向。在2017年初的入户调查中，我们曾综合贵州省级扶贫工作成效第三方评估及国家扶贫工作成效第三方评估主要测评标准，对样本户进行因村因户帮扶工作群众满意度调查。为形成前后比较，2018年6月，我们再次通过入户与电话访谈相结合的方式进行回访。为避免受访者对一些评价持"暧昧"态度，我们仅设置"满意"或"不满意"两个选项，同时我们也把选择沉默或称"不好说"的评价均视作"不满意"，从而得到如下结果。（见表4-1）

表4-1　金山村因村因户帮扶工作群众满意度（2017年、2018年）

类别	评价内容	评价结果（2017年）				评价结果（2018年）			
		贫困户、脱贫户		非贫困户		贫困户、脱贫户		非贫困户	
		满意	不满意	满意	不满意	满意	不满意	满意	不满意
驻村工作队帮扶工作满意度	对驻村工作队到村落实帮扶工作情况（是否知晓其职责及活动、是否来访回访、村公共设施建设是否有改善等）认可情况	34人 91.9（%）	3人 8.1%	17人 73.9%	6人 26.1%	36人 97.3%	1人 2.7%	20人 87.0%	3人 13.0%
帮扶责任人帮扶工作满意度	对帮扶责任人的帮扶工作（来访频率、所做工作、获得效果）认可情况	31人 83.8%	6人 16.2%	0	0	37人 100%	0	0	0
帮扶方式满意度	对所获帮扶方式（如政策宣传、项目安排、贷款）认可情况	35人 94.6%	2人 5.4%	0	0	37人 100%	0	0	0
帮扶工作效果满意度	对所获帮扶方式产生效果（家庭生产、生活变化，与家庭直接相关的村基础设施变化）认可情况	31人 83.8%	6人 16.2%	0	0	37人 100%	0	0	0

数据来源：问卷调查，其中"0"为无数据。

第一，关于"驻村工作队帮扶工作满意度"。2017年，有34个贫困样本户选择了"满意"，占总样本量的91.9%，剩余选择"不满意"的样本户主要是对饮水设施或医疗费报销等问题有意见。只有17个非贫困样本户选择了"满意"，占比为73.9%。剩下选择"不满意"的非贫困样本户占比为26.1%，其主要理由为"对驻村工作队不了解""认为贫困户评选过程不够公平"等。到2018年6月，贫困样本户对此的满意度上升为97.3%，非贫困样本户也上升至87.0%。这表明驻村帮扶工作组的工作更为细致到位，同时还表明网格化管理之后，非贫困户的生产生活状态得到更多的关注。

第二，关于"帮扶责任人帮扶工作满意度"。2017年，只有83.8%的贫困样本户选择"满意"，余下选择"不满意"的贫困样本户表达或暗示的理由主要有"包保责任人很少来""包保责任人没有帮上什么忙""包保责任人带来的慰问品没有别家多"等。到2018年，贫困样本户认为"满意"的则达100%，这表明贫困户对于精准扶贫政策有了更深入的理解，同时，帮扶干部们的责任意识更为强烈，与帮扶对象的沟通互动可能更为频繁。

第三，关于"帮扶方式满意度"。在2017年，表示"满意"的贫困样本户占比为94.6%，表示"不满意"的占5.4%，后者的意见主要是"自家还没有得到产业帮扶项目"。到2018年，金山村建档立卡贫困户和脱贫户的确获得了产业项目，加之全村在供水、交通、环卫等方面的基础设施有了较为明显的改观，相应的满意度评价上升为 100%。

第四，关于"帮扶工作效果满意度"。2017 年只有 83.8% 的贫困样本户表示"满意"，表示"不满意"的样本户主要的理由是"产业帮扶项目还未到手，不晓得会有多大收益"。到 2017 年，金山村的帮扶产业实现首次分红，金山村大多数建档立卡贫困户（含脱贫户）分到了钱，普遍吃到"定心丸"。在 2018 年，100% 的贫困样本户对帮扶效果选择了"满意"。

2017 年 7 月，县交叉检查组曾指出白云山镇仍然存在"识别不精准、群众满意度不高、不知道脱贫年度、不知道第一书记及包保人姓名"等问题，究其主要原因，在于"部分干部存在工作不扎实、不认真、不具体，缺乏自身责任感、思想认识不到位"等问题。对此，金山村两委和村脱贫攻坚队在思路及行动上也做了相应整改。一是进一步沉下心进村入户，对村情民意多次走访调研，深入贫困户家中进行回访，对贫困户的识别、退出以及家庭收入再次精准摸底，做到查缺补漏。二是召开村民小组会议、村民代表大会听取群众意见，搞好民情信息记录，针对贫困户采取"一户一策"精准帮扶。深入群众中认真倾听其对产业发展、基础设施建设等方面的意见建议，切实掌握群众所思、所想、所盼，有针对性地采取帮扶措施。三是进一步强化回访摸底，以理清帮扶思路，加大因户施策帮扶力度。同时，还积极争取帮扶资源，用好帮扶资金，为帮扶对象因地制宜探索精准脱贫的有效路子。

到 2018 年中期，金山村脱贫攻坚队为进一步提高"两率一度"工作质量，仍然继续着力于以下工作。一是继续摸底排查。为对所有建档立卡贫困户"一户一档"资料进行再完善，攻坚队队员必须在当年6月底之前做到认真摸底、逐户排查，填写《精准识别入户调查登记问卷》，收集好摸底数据，及时与相关部门对接。二是信息公开。更换贫困户基本信息牌，信息牌为标准制式，注明贫困户姓名、身份证号码、贫困类型、所获帮扶方式，以及（包保）帮扶责任人姓名、联系方式等。要求攻坚队队员必须在走访核实的基础上挂牌，确保每户资料填写完整，家庭情况真实。三是信息告知。要求攻坚队员及时查看补充所联系建档立卡贫困户家中的信息百宝袋。百宝袋是为了便于贫困户收纳而下发的相关扶贫材料，袋内一般装有贫困户申请书、贫困户登记卡、帮扶图片、政策宣传资料、户口册等证件原件或复印件、贫困户进入退出程序资料等。四是推动管理常态化。要求每名攻坚队员必须随时掌握所联系建档立卡贫困户情况，做到及时更新、增删其各项相关信息，确保系统数据与实际吻合；并注意收集、归纳相关综合档案资料，实行目录清单归档整理。

总体来看，金山村的因村因户帮扶工作满意度获得明显提升，这无疑与金山村驻村帮扶工作的投入力度呈正相关。此外，县扶贫局及白云山镇领导干部在座谈中还认为，金山村因村因户帮扶工作满意度提升，其实是水到渠成。其理由是金山村民风朴实，老百姓大多"比较实在"，只要真诚对待帮扶对象，确保其真正在政策中受益，帮扶对象一般都会认可。另外，工作机制的及时调整和完善也作用巨大，因为这不仅持续压实所有参与帮扶人员的责任，还从客观上有效弥补以往短板和不足。如通过网格化管理，驻村干部对非贫困户的关注度极大增强，并能及时查补短板。此外，持续改善全村公共基础设施，也使得全体村民的幸福感、获得感显著提升。

第五章

基础设施发展之路

2017 年 8 月 7 日，贵州省委书记孙志刚在全省深度贫困地区脱贫攻坚工作推进大会上提出，要全力打好基础设施建设、易地扶贫搬迁、产业扶贫和教育医疗住房三保障等"四场硬仗"。这是贵州省委针对全省深度贫困地区的突出性、普遍性问题，下决心以"组合拳"形式，引导全省工作向脱贫攻坚聚焦、各类资源向脱贫攻坚聚集、各方力量向脱贫攻坚聚合所构建出的立体攻势，以确保贵州省坚决打赢脱贫攻坚硬仗。作为国家级扶贫工作重点县之一，长顺县委、县政府把握到这一宝贵时机，以县委第十二届四次会议决议的形式出台《长顺县脱贫攻坚三年行动计划（2017~2019 年）》暨"1+5"配套文件，牢牢把握"四场硬仗"工作重心，全力推动扶贫工作中水、电、路、讯、房、寨六项基础设施建设，并从标准、技术、方式、资金等方面细化各项措施方案，按照"缺什么补什么，什么弱补什么"的原则，强化问题导向，制定出三年攻坚计划并按年度分解落实。在此大背景下，金山村的交通建设、饮水安全、危房改造、村庄环境综合治理等方面工作均获得了有力推进。

第一节　道路设施建设

贵州省的基础设施建设硬仗，以"组组通"公路建设三年会战为主要内容展开。贵州省委、省政府提出，要按照"搬不了就通、通不了就搬"的原则，以"省级统筹、分级承贷、分年筹集"的筹资方式全面启动。2017年4月，白云山镇在全镇范围内开展交通村情组情大排查，力求做到底数清、情况明。并按"30户以上全面硬化，30户以下能通则不搬，不通则搬"的原则，于2017年5月初开始实施涉及6个村38个组，共计56.94公里的通组路建设。通过查阅2017年11月出台的《长顺县脱贫攻坚三年行动计划》，我们发现金山村的通组公路拟建里程为44.53公里，其中2017年计划建设30.9公里，2018年计划建设13.63公里，总投资2671.8万元。省、州两级补助资金1781.2万元，县级自筹890.6万元，平均每公里投资为60万元。然而，到2016年末，金山村除坟山、地冲、泡木山三个村民组因实施整组搬迁通组公路未建成外，其余村民组的通组公路已基本建成，其总里程为 32.8 公里，且仅余约 8 公里的通组公路硬化未完成，这与县里的计划明显不符，其原因何在？白云山镇扶贫站干部介绍说原因有二。其一，县里的"组组通"政策是"先建后补"，其实就是垫资施工。金山村的通组公路建设从 2014 年起就陆续开始进行，但不少施工队一直迟迟未结算到工程款，故县 2017 年的计划建设投资，实际上主要是支付以往已建设完成并验收的通组路段。其二，按照县三年行动计划，应优先支持拟"摘帽"行政村，由于金山村是白云山镇唯一未出列村，而全镇所有行政村均多少存在"组组通"公路欠账，故白云山镇党政领导班子研究认为，应抓住金山村待出列能享受政策的有利时机，将全镇猛秋、摆塘等相邻村"组组通"的建设任务打包，并以金山村名义向县里进行申报，此方案最终获得县里批复并付诸实施。

　　金山村的通组公路有着较为严格的施工标准，该标准来源于 2014 年贵州省交通厅出台的《贵州省通组公路工程技术导则》，主要包括：路基宽度不得小于 4.5 米，路面跨度不得小于 3.5 米，路面混凝土强度等级在 C25 及以上，路面厚度不得小于 15 厘米，沥青表处路面不得小于 4 厘米，错车道每公里不得少于 6 处等。为确保工程质量，县交通局还会按照"一个乡镇、一个班子成员、一名技术人员"的"三个一"工作机制，进行业务指导责任包保。同时，金山村也建立了通组公路义务监督员制度，由村支书担任第一责任人，并邀请了一些责任心强的村民担任义

图 5-1 村里新修的通组公路

（韩缙拍摄，2017 年 6 月）

务监督员。白云山镇则按照每年 2000 元的管护标准（上级拨付），组织专人进行专业管护。

2017 年，金山村道路建设的主要工作是在户数较多的村民小组修建串户路，以便于群众出行和生产生活。2018 年 6 月，连接金山村松章、马井、平山的通组公路硬化工程也宣告结束。到 2018 年底，全村最终完成通组公路硬化 4.7 公里，这是镇村工作组通过查缺补漏所补齐的金山村"组组通"公路建设最后短板。至此，金山村通组路宣告实现全覆盖。2019 年的主要工作转为除搬迁户外全村基本实现串户路到户到门、产业路实现硬化全覆盖等。

第二节　饮水工程建设

　　由于金山村地处岩溶地区，缺乏河流或稳定地表水，白云山镇政府总体还是希望能采用水厂集中供水的形式大面积解决群众用水问题，但此过程显然是艰难的。其原因是金山村地域较为广阔、地势起伏大，同时村寨较多，加之还有部分村民家庭相对分散，给集中供水带不少难度。2017年上半年，在县水利局的支持下，金山村存在饮水不安全问题的摆省等12个村民组主要通过巩固提升工程和净化水源点两个方法解决饮水安全问题。饮水安全巩固提升工程一般是采用修建小型集水池并延伸金山小水厂供水管道的形式，金山村的小水厂建设于2012年左右，其规模很小，仅能供周围五六个村民组农户使用。用这样的办法，到2017年底，金山村通上自来水的村民组增加了四个。但由于落差、距离等因素，松章等8个村民组饮水问题仍未解决，人畜共用一口水井的问题仍旧存在，依靠药品净化水源的做法也面临诸多麻烦。

　　2017年11月，长顺县启动实施"脱贫攻坚农村饮水安全'户户通'三年行动计划（2017~2019年）"，计划到2019年底，彻底解决全县43个村340个村民组农村饮水安全问题。按照该计划，同时也为配合金山村顺利实现村级"摘帽"，2018年3月起，金山村的农村饮水安全历史欠账问题开始获得实质性解决。工程涉及6个村民组107户446人（其中含贫困户64户250人），总投资53.52万元，一是用于金山小水厂扩建，二是用于自来水入户管网工程。对于离金山水厂较远的村民组，需要进行二次提水维持运行，即需要根据村民组住户数量，分别设立容积为50立方米、100立方米、150立方米三种规格的不锈钢蓄水池，或者根据地形修建小型集水池，辅以相应的输水管、维修管，以及入户管网（不分农户类型），并为每户家庭安装水表。

2018年下半年，白云山镇又通过设施修复、管网延伸等形式，将金山村翁糯二、摆省两个村民组30余户人家的安全饮水问题予以解决，至此，金山村所有村民组的饮水安全问题得到基本解决。为使村集中供水能够稳定运行，金山村各村民组还通过开会集体商定了水价，并形成两种收费标准：第一类，由金山水厂直接供水的用户，每户每月缴纳户头费6元，并按2.6元/吨的实际用水量缴费；第二类，由金山水厂供水，但需要二次提水的用户，则在缴纳6元户头费的同时，按照3元/吨的实际用水量缴费。此外，村里建立相应的管护制度，并派出管护人员，县水利局会集中对管护人员进行培训，管护人员的报酬则来自户头费。但是，由于二次提水的成本问题，以及受季节性影响，仍有不少村民组仅仅实现了形式上的安全饮水，其脆弱性仍然明显。

第三节　其他公共基础设施建设

从 2017 年 11 月起，为打造宜居宜业的农村环境，着力构建百姓富、生态美、环境优的新农村，助推脱贫攻坚，长顺县加快了"小康寨"建设步伐。提出以"五个一""三个一"工程为抓手，深入开展农村环境综合整治，有效整治农村脏、乱、差现象，逐步形成完善长效管理机制，有效提升群众的脱贫攻坚认可度。"三个一"是指 30户以上村寨应建设完成一张串户路网、一个垃圾池、一套路灯系统，"五个一"是指 50 户以上村寨应建设完成一个串户路网、一个垃圾池、一套路灯系统、一个活动场所、一个污水处理系统。此项行动优先落实于计划出列村、"摘帽"乡示范村、极贫乡镇普通村，金山村由此被纳入县 2018 年度建设计划之中。

金山村的"三个一"和"五个一"工程由村脱贫攻坚队及县直帮扶单位县卫计局主导，金山村两委密切配合，引导各相关农户投工投劳协作实施。2017 年 12 月，金山村项目启动，村脱贫攻坚队的首要工作是在全村范围内进行摸底活动，摸清各村民组串户路、垃圾池及路灯等底数，并在月底形成计划实施清单上报。紧接着进入宣传发动阶段，项目是普惠于全体村民的，因此调动广大村民的参与积极性变得较为重要。对此，村脱贫攻坚队在各目标村寨主要采用报一份申请书、协调好一批项目用地、与农户签订一份配合承诺书、组建一个自治组织、完善一套管理制度等工作程序进行工作推进。

金山村的"三个一"或者"五个一"工程在施工标准上遵循着县统一规定，在串户路修建方面，其建设规格分为主干串户路、联户串户路和独户串户路三种，建设标准也分别对应为宽3米厚0.15米、宽1.5米厚0.1米和宽0.8米厚0.1米。在垃圾池建设方面，则根据交通及清运成本设立勾背式可转运垃圾桶（斗）或者建设5米×3米×3.5米的砖混结构双格垃圾池。在路灯建设方面，则在主路安装太阳能路灯[①]，单边安装，间距为40米。在活动场所建设方面，50户以上的村寨均建一个文体活动场所，其面积大致为500平方米，地面厚度为0.15米，C25混凝土清光。在污水处理系统建设方面，50户以上的寨子均开展了排污沟改造，使村寨的生活污水、雨水能通过排污沟流出寨子，其标准为0.3米×0.3米，局部受条件限制地段可降为0.2米×0.2米，若排污沟坡度较大，则还需要在排污沟出口处建一个2米×2米×1米的沉砂池，有的甚至需要建一个容积为2立方米的封闭式收集池。所有的建设县里均制定出对应的资金补助标准，超出县补助的部分则依靠县卫计局予以补足。到2018年8月，金山村共建设完成3000平方米活动场所、1个垃圾池，安装路灯169盏，基本完成6个寨子（村民小组）的"五个一"以及4个村民小组"三个一"建设任务。到同年12月，全村所有未被纳入整组搬迁的寨子（村民小组）

① 灯杆高6米，30瓦LED灯，11瓦单晶太阳能板和50AH锂电池。

图 5-2　焕然一新的路灯、凉亭等公共实施
（韩缙拍摄，2019 年 9 月）

的"五个一""三个一"项目全面铺开，路灯系统和垃圾池已落实到位，大大改变了以往脏、乱、差的历史面貌，金山村的整体村容村貌从此焕然一新。

不过，相对于"小康寨"建设步伐，金山村的"小康讯"建设则较为滞后，在 2017 年初，白云山镇政府即分别对接移动、电信、联通三大通信公司，并制定出实施方案，希望在 2017 年底改善全村通信及宽带条件。但受企业成本控制等影响，时至 2018 年初，金山全村仍有 40%的村民小组存在不通宽带、手机信号微弱的情况。直到2018 年 10 月，为配合金山村脱贫摘帽工作，在县有关部门的大力协调下，全村终于实现移动网络全覆盖。

第六章

易地扶贫搬迁推进之路

贵州具有特殊的"插花型"贫困分布特点，深山、石山、高寒山区不具备基本发展条件，"一方水土养不起一方人"的扶贫工作矛盾极为突出，使得贵州成为搬迁规模最大、任务最重的省份之一。"十三五"期间贵州规划搬迁187万人，其中建档立卡贫困人口149.3万人，约占全国搬迁规模的1/7。为完成这项前所未有的巨大工程，从2017年起，贵州以"六个坚持"①为重要抓手，按照"搬迁是手段、脱贫是目的"这一根本要求，用"绣花"功夫全速推进全省易地扶贫搬迁工作。"六个坚持"的推行，从根本上解决了困扰贵州各地在易地扶贫搬迁中"资金"和"效率"两

---

①　"六个坚持"：一是坚持省级统贷统还，二是坚持以自然村寨整体搬迁为主，三是坚持城镇化集中安置，四是坚持以县为单位集中建设，五是坚持让贫困户不因搬迁而负债，六是坚持以产定搬、以岗定搬。

大瓶颈问题，充分调动起基层政府和搬迁群众的积极性，更使经济发展水平参差不齐的各县域得以集中精力完成上级相应工作部署。不仅如此，贵州省还在全省范围内推广"五个三"工作机制[①]，以确保各地移民搬迁对象在生计和后续发展上获得可持续保障。至此，贵州易地扶贫搬迁工作在事前、事中和事后均形成了清晰且有力的可操作机制，使全省相关工作得以高效、有力推进。

长顺县委、县政府提出全县易地扶贫搬迁工作要统筹推进"六个坚持"和"五个三"决策部署，紧紧围绕搬迁群众最关心最现实的利益问题，重点做好两方面工作：一是要确保搬迁工程质量和动迁工作进度如期完成；二是要想尽千方百计及时构建起易地扶贫搬迁后续工作机制。通过抓重点、补短板、强弱项，构建起基本公共服务、培训和就业服务、文化服务、社区治理、基层党建等"五个体系"，持续激发搬迁群众内生动力，拓宽就业门路和增收渠道，进而形成"搬得出、稳得住、有就业、能致富"的良好局面。

---

① 这是从贵州省惠水县的相关实践中提炼，并在贵州全省推广的搬迁安置模式："三地"，指盘活承包地、林地、宅基地资源；"三就"，指落实就业、就学和就医；"三保"，指实施低保、医保和养老保险转移衔接；"三所"指建设经营性服务场所、农耕场所和公共服务场所；"三制"，指用活集体经营机制、社区管理机制和群众动员机制。

第一节　搬迁前的工作重点

金山村易地扶贫搬迁对象大规模的识别工作已经于2016年已基本完成，其工作依据是贵州省于当年出台的《关于深入推进新时期易地扶贫搬迁工作的意见》及《贵州省易地扶贫搬迁对象识别登记办法》等文件。生存环境差、人地矛盾突出、不具备生产生活条件，距城镇和交通干道较远、基础设施和公共服务设施难以延伸的建档立卡贫困人口均可纳入易地扶贫搬迁对象范围。

一　核查摸底

2016年5月中旬，白云山镇组织召开了首次易地扶贫搬迁工作会议，就易地扶贫搬迁摸底调查的相关工作进行了详细的安排部署。金山村驻村帮扶干部与村干部随即展开了为时10天的摸底工作，对符合政策的搬迁户进行逐户核查，基本摸清了全村需要搬迁的人口规模和可供利用的土地、现有房屋面积等信息，并了解村民需求，进而初步形成基本搬迁目标和建设任务，最后将摸底调查资料和数据汇总，上报县扶贫局和移民局。

二　识别对象

2016年8月，县移民局、扶贫局和白云山镇政府进行会商，结合相关政策要求及金山村的贫困特点，确定了金山村易地扶贫搬迁以整组搬迁为主，零星搬迁为辅的基本工作方案。金山村的整组搬迁对象是指人口规模在50户以下、贫困发生率在50%以上、生存条件恶劣的寨子或村民小组。据此，村内坟山、地冲、泡木山等三个村民组成为首批整组搬迁对象。2017年上半年，经县国土部门核查论证，翁卡、半坡两个村民组存在较大地质灾害隐患，金山村据此又增报了这两个村民小组共64户257人作为整组搬迁对象，并顺利获得上级批准。此外，能满足"住房条件相对较差"、"劳动力弱，就近从事农业生产不能有效脱贫"、"鳏寡孤独残等特困户需要搬迁"等重要识别条件之一的建档立卡贫困户，则可结合其意愿识别为零星搬迁对象。到2017年7月，根据以上基本识别办法，金山村共有142户637人被初步纳入扶贫搬迁计划，其中包含5个村民小组90户356人的整组搬迁对象。

零星识别典型案例如下。2016年底，金山村支书在上任后的走访工作中，了解到居住在烂塔村民组，现年81岁的建档立卡贫困户张维正老伴已去世多年，其有两个儿子，长子是智力障碍病人，次子张本金在贵阳花溪靠跑摩的维生。张维正本人携长子长期离群索居，生活状况无人知晓。在村民的带领下，穿过崎岖陡峭的山林羊肠小道，陈玉周了解到张维正平日与长子在深山老林中残破的房屋里生活的事实。由于长子已失踪数月，张维正老人只得病卧在床苦苦挣扎，这些情况其次子张本金无从知晓。返回村委后，陈玉周迅速想法联系上张本金，要求其先把老人接走安顿，并及时向镇里报告该情况。2017 年初，金山村脱贫攻坚队与村两委配合，按规范程序为张维正一家申请了 2017 年度易地扶贫搬迁指标，2018 年 3 月，张维正全家顺利迁居到广顺移民安置点。

三 确认对象

金山村不少拟搬迁户对于搬迁存有颇多疑虑，有的担心离耕种土地远，将来生活无保障；有的则是生活习惯使然，舍不得拆掉老房子；有的甚至涉及复杂的家庭原因，如拟整组搬迁的坟山村民组贫困户韩××，其家中有三口人，但韩××的老婆和兄弟都是智力障碍人士，韩××担心搬迁后不便照顾家人。对此，村两委干部也担心其家庭搬迁后会出现意外风险，默认了韩××一家在原址居住的选择，并对其开展了危房改造和"三改"，以进一步改善居住环境。此外，因地质原因被纳入整组搬迁的半坡和翁卡两个村民组也有 10 余户人家明确表态不愿意搬迁，其理由主要包括四点。一是自家住房并不处于地质灾害中心地带，受损风险不大。二是自家住房属于刚修建不久的新房，宽敞明亮。若接受搬离，按政策现住房必须拆除，由此带来的经济损失过大。三是自家房屋交通条件较好，处于村组公路旁边。四是自家住房面积较大，方便发展种养业等。对此，镇村扶贫干部根据地质灾害风险、住房条件等进行风险评估，本着自愿原则默认了此类农户的选择。按照"群众申请、入户核实、村民小组评议、村委复议公示、镇政府复核公示、县初审、州审批"等程序，到2017年6月，金山村共确认出131户578人的易地扶贫搬迁名单。2018年初，在实施脱贫攻坚网格化管理之后，通过反复识别和集体研判，村里又增加了2户8人作为2018年度易地扶贫搬迁对象。最终，金山村有134户586人被县、州确认为易地扶贫搬迁对象，并在2019年初全部顺利实现搬迁。

四 分配计划

金山村的易地扶贫移民搬迁计划服从于县移民局所统揽的调配大盘，县移民局负责部署的移民安置点一般根据

图6-1 白云小区

(韩缙拍摄，2018年5月)

各乡镇上报的易地扶贫搬迁户数，并结合地域、交通、人口规模甚至民族习惯等因素综合考量，最后形成大集中、小分散的移民安置点布局。相对全县其他乡镇规模而言，白云山镇唯一的易地扶贫搬迁安置点白云小区总建筑面积不算大，但都是 80 平方米、100 平方米和 120 平方米三种较大户型。根据上级人均用房面积的政策，金山村获得迁入白云小区资格的搬迁对象绝大部分属于 4 人户以上家庭（见表 6-1）。

表 6-1　金山村 2016 年度易地扶贫搬迁至白云小区农户基本类型

单位：户

家庭人口类型				搬迁类型	
3 人户	4 人户	5 人户	6 人以上户	整组搬迁	零星搬迁
3	4	9	24	15	25

资料提供：白云山镇扶贫工作站

白云山镇相邻的广顺镇是长顺北部乡镇中的"龙头老大"，背靠国家级新区贵安新区，辖区企业众多，且交通方便，具有较为广阔的就业空间，是符合"以岗定搬、以产定搬"要求的较佳安置地点，故成为长顺县易地扶贫移民搬迁的重镇。2016 年以来，广顺镇以每年建成一个移民安置小区的步调，推进其所承担的县易地扶贫移民搬迁安置任务：2016 年底，夜郎故屯移民安置小区落成，拥有住房 400 套；2017 年底，南湖新苑移民安置小区落成，拥有住房 1420 套；2018 年底，金竹花园移民安置小区落成，拥有住房 888 套。此三个小区均设置有 60、80、100、120 平方米四种户型。正是基于较为强大的安置能力，广顺镇的南湖新苑小区接纳了金山村 2017 年度 80 户 290 人搬迁对象。2019 年初，地处县城的长寨街道移民安置小区则接纳了金山村 2018 年度近 14 户 52 人移民搬迁对象，至此，金山村的易地扶贫搬迁计划全部完成。

五　宣传动员

驻村工作队员与村干部组成的工作组所需要开展的工作如下：一是开展信息再核准工作，对拟搬迁户各项信息进行再次核准；二是进行搬迁思想再动员，对整组搬迁的三个组和涉及零星搬迁的村民组召开群众会，讲政策，听群众诉求，开展搬迁动员工作；三是推进旧房拆除和复垦复绿工作；四是将不愿搬迁的贫困户纳入危房改造对象，确保其不居住在危房。时至 2017 年下半年，"再宣传、再动员"仍然是金山村脱贫攻坚队推进易地扶贫搬迁工作的重要组成部分。

一是充分认识入村入户再动员的重要性，特别是充分认识搬迁与扶贫实效的内在逻辑。故全体队员需要组织学习理解政策，树立足够的自信面对老百姓，用最通俗易懂的话语把扶贫政策讲清楚、讲明白、讲到位。

二是突出工作重点，增强宣传动员的针对性。如在针对目标村民小组召开好群众会的同时，还必须正视搬迁对象中劳动力人口大量外出务工，在家的基本上都是留守老人和儿童的客观事实。对此，攻坚队员们一边积极与外出务工人员联系，一边投入更多的时间与耐心努力开导在家

图 6-2　村脱贫攻坚队入户动员搬迁

（陈国江拍摄，2019 年 3 月）

老人，通过拉家常形式解除其顾虑，使其能安心迎接搬迁生活。针对部分犹豫不决的零星拟搬迁农户，脱贫攻坚队还成立了专门小组进行入户动员工作。

三是做好台账管理，增强再宣传再动员的实际效果。对已纳入搬迁计划的农户实行宣传全覆盖，通过"一户一档"管理，记录各户对搬迁的诉求，以及存在的主要困难，及时分类讨论研判，并积极建立应对机制。

第二节　易地扶贫搬迁工程管理

白云山镇政府负责组织实施的易地扶贫搬迁工程涉及两块工作，一是易地扶贫搬迁安置房及其配套设施基础工程，二是旧房拆除和宅基地复垦工程。2016 年 6 月，本着

"安全、节能、环保、适用"的基本原则，并按照国家工程建设强制性标准，白云山镇的易地扶贫搬迁安置小区工程开始启动。根据县总体要求，白云山镇党政主要领导对白云小区建设负总责，并按"一个项目、一名领导、一套班子、一套措施、一抓到底"的工作要求，形成明确的工作推进思路。

一是成立了由镇党委书记任组长、镇长任副组长，包括分管领导、扶贫工作站、村两委班子成员的易地扶贫搬迁领导小组，大家明确分工，落实责任，协调解决项目开展过程中存在的问题。

二是做好监督监管工作，特别是依据因地制宜原则，加大对工程进度、质量、资金使用情况的监管力度，发现问题及时解决，确保工程顺利开展。

三是切实提高信息透明度，在项目启动前，坚持公开透明的原则，坚持先勘察、后设计、再施工。并将搬迁规模、建设内容、投资概算等信息进行公示公告。

到 2017 年初，总建筑面积为 33000 平方米，层高为五层，总共 8 栋楼房 17 个单元的白云小区落成。适合 4~5 人户的 80 平方米房有 60 套，适合 5~6 人户的 100 平方米房有 50 套，适合 7 人以上户的 120 平方米房有 50 套，共计 160 套住房。所有住房均进行了统一简单装修，即每一户均刷内墙漆、贴地板砖、通水通电，并配备基本照明和厨卫设施等。这些楼房均将一楼空间设置为大小不等的门面房。门面房有两种使用方式。一种是面积较大的门面房，由镇政府协调整合镇所属学校、民政、卫计、公安、老年协会等部门，建立起农村社区服务中心、移民社区卫生服务站、移民社区老年协会老年活动中心、移民社区青少年事务服务中心、移民子女欢乐之家、警务室等六个场所，分别由白云山社区、卫生院、老年协会、中心小学、中心幼儿园、派出所6个单位选派人员长期到点上开展工作，为小区群众提供就业引导、政策咨询、学前托教、健康检测、矛盾调解等便民服务。第二种是面积较小的门面房，优先低价租赁给小区内的残疾人户或老年户用于小商店、小饮食店经营。

按照贵州省统一政策，白云山镇的旧房拆除和迁出地旧村庄宅基地复垦均严格执行土地增减挂钩，优先纳入城乡建设用地指标，并由省统筹在全省范围内流转交易，所产生的增值收益将用于还易地扶贫搬迁贷款。显然，"搬迁—拆除—复垦"属于白云山镇易地扶贫搬迁工作不可或缺的流程。为推进此项工作，白云山镇政府主要采用三条途径予以引导。一是开展深入细致的入户宣传工作，通过土地确权颁证、明确搬迁户承包经营权等形式，化解其失去土地的疑虑，这些均可通过搬迁户与镇政府签订"旧房拆除协议"予以法律层面保障。二是按照3000元/人的标准，对已拆除户进行及时的货币补偿。三是持续加大后续服务工作，一方面通过积极寻找就业途径加快搬迁户劳动力安置；另一方面通过整租形式积极流转土地用于农业产业发展，使搬迁户获利稳定增加，以形成良好的拆除复垦氛围。

按照相关政策，金山村需要拆除旧房118栋，到

2017 年底已拆除 24 栋 1486.45 平米，复垦工作也陆续铺开。到 2018 年底全村共拆除旧房 72 户，其中宅基地复垦复绿工作完成 27 户。拆除进度不算快的原因包括：部分农户仍有浓厚的"祖屋情节"，迟迟舍不得动手拆除；部分待拆除房屋因拆除器械无法到达，需要动员原住户自行拆除，有所延迟等。

第三节　搬迁后的管理与发展

2017 年春节前夕，白云山镇的易地扶贫移民搬迁安置点白云小区投入使用。该小区前后共入住搬迁对象 160 户930 人，其中整组整寨搬迁 53 户 283 人，零星搬迁 107 户647 人。具体来源分别是改尧社区 49 户 270 人、鼠场社区21 户 135 人、猛秋村 11 户 59 人、思京村 12 户 78 人、凉水村 12 户 67 人、中院村 15 户 92 人、金山村 40 户 229 人，入住率达到 100%，居当年黔南州前列。在此搬迁行列中，金山村的整体搬迁对象以坟山、地冲两个村民组的 4 人以上户为主。

按照 2017 年 3 月贵州省委、省政府出台的《关于精准实施易地扶贫搬迁的若干政策意见》，为确保易地扶贫搬迁户"搬得出、稳得住、有就业、能致富"，白云山镇结合镇域经济发展实际，以全面落实"五个三"为抓手，推动解决白云小区搬迁农户的生计保障和后续发展，到2017年底主要完成如下工作。

在"三地"方面，对全镇五个整组搬迁的组进行土地测量，并建立台账。初步将金山村坟山、地冲两个村民组和改尧社区外坝村民组的土地全部流转，用于镇平台公司打造蔬菜基地或刺梨基地，召开群众动员会并与农户签订土地流转协议。对已拆除旧房的搬迁户，通过动员工作实现自行复垦，并按相应标准使补助到位。

在"三保"方面，安置点930人全部参加医疗保险，217名低保人口已全部转为城镇低保，663人缴纳养老保险，对符合条件者的临时救助也全部发放完成，基本实现应保尽保。

在"三就"方面，转移搬迁户子女就学146人，镇内设置了搬迁子女就学绿色通道，统筹解决搬迁子女就学问题，当年年底安置点已完成转移就学113人，转移到镇区就学35人，转移到县城就学78人，金山村移民户中的32名适龄学生均在其列。小区内建立起移民卫生服务站，并有专职医师值班。另外，镇卫生院距安置点约800米，使小区居民基本实现"家门口"就医。

在就业方面，镇里主要积极利用镇内现有6个蔬菜基地、但家食品厂和鼠场园区企业实现搬迁家庭劳动力就业。并通过开展"一户就业一培训"工作，积极强化就业培训及就业安排。此外，镇政府还加快引进新企业的步伐，解决搬迁户就近就业问题。同时，镇有关部门还积极整合镇区资源，计划再为搬迁户提供20余个公益性岗位，解决小区部分家庭"弱劳动力"的就业问题。通过创立、引进、整合等多种形式，小区实现转移就业324人、户均2.02人的成绩，金山村移民户每一户均有1人以上在小区周边获得就业机会，就业人员人均月收入达到2200元左右。

在"三所"方面，如前文所述，六个场所已全部配套建设完成，下一步主要工作是保障各所正常运转。

在"三机制"方面，白云小区成立了移民管理委员会，并召开了移民代表大会选出了管委会主任和17个单元楼长，为小区实现网格化、精细化管理提供了有力保障。

在此基础上，白云山镇的移民安置工作还着力于基础资料的完善，建立了搬迁户详细的台账，基本实现安置点农户基础资料应有尽有和动态管理。

白云山镇积极总结经验，探索出"一个核心、两个问题导向、三个融入、实现四个联动"的"1234工作法"（见专栏一）工作法，确保易地扶贫搬迁后续保障措施有效落实。

专栏一　白云山镇"1234工作法"为易地扶贫搬迁添动力

围绕"一个核心"，谋划后续扶持发展

一个核心：以易地扶贫搬迁户"搬得出、留得住、有发展、能致富"为核心。白云山镇把易地扶贫搬迁作为整个扶贫开发工作的突破口，逐级签订责任书，把搬迁群众分到镇、村干部手中，从开始的思想动员到后续

发展"一包到底",并建立目标责任制、进度通报制、督察问责制和工作约谈制。让搬迁群众至少有一个镇干部当靠山，底气足、愿意搬。

坚持"两个问题导向"，解决社区突出问题

一是围绕解决移民社区管理滞后问题，镇党委、政府在县移民局的指导下，利用安置房一楼空闲的场所，整合学校、民政、卫计、公安、老年协会等部门，建立了农村社区服务中心、移民社区卫生服务站、移民社区老年协会老年活动中心、移民社区青少年事务服务中心、移民子女欢乐之家、警务室六个场所，分别由白云山社区、卫生院、老年协会、中心小学、中心幼儿园、派出所6个单位选派人员长期到点上开展工作，为小区群众提供就业引导、政策咨询、学前托教、健康检测、矛盾调解等便民服务。镇党委不定期到各个场所查巡，对开展工作不力、工作时间较少的单位进行通报，最终让小区成为办事有问处、矛盾有人解、忙时孩子有人看、闲时娱乐有地方去的正规小区。由小区管委会牵头，在空余空间划定约200平方米的红白喜事集中办理区，为今后小区内的婚丧嫁娶打好底。

二是围绕解决搬迁群众发展精神动力不足问题，着力激发群众内生动力，消除等靠要思想，实现搬迁户自我发展。将易地扶贫搬迁同小城镇建设融合发展，加速推进城镇发展对脱贫攻坚的聚合服务功能，计划整合镇区民族风情步行街、休闲广场等项目，新增就业岗位180个。对安置点上的工具房进行集中管理，通过"特

惠贷"帮助有经营头脑的群众在移民小区内开办小超市1家、杂货铺1家和餐饮店1家。

实行管理机制三个融入，破解社区管理难题

一是基层党建融入。由镇党委指派镇干部担任的党支部书记和移民社区内的10名党员共同组建了能力强、热心群众事宜、能找出发展路子的党支部。支部党员全部进行了设岗定责，并主动开展党员志愿者主题实践活动，用党员身边人、身边事感动群众、影响群众，带动群众实行自我管理，自我发展。截至目前，累计开展社区主题活动2次，在11名党员的带动下600余名群众积极参与。

二是网格化管理融入。在社区党支部的指导下，小区内每户一个代表，召开群众大会选出了小区委员会主任、副主任、委员。小区委员会又按25~35户一个网格以及住户就近的原则，把小区分为5个网格，由各个网格自己选任1名网格长。在网格长的指导下，17个单元楼均选出了各自的楼长。虽然从小区委员会主任到楼长，均为义务工，没有任何报酬，但因为对新家的喜爱，他们对小区的管理充满了热情，各自认真履行义务，对消防安全、生活状况、矛盾纠纷、卫生情况进行全覆盖管理；将安置点名称改为白云小区，除去易地扶贫搬迁贫困户标签，并充分利用小区内的两个高音喇叭，分每天早上11点到12点、下午5点到6点两个时段向群众循环广播务工招工、扶贫政策、党的声音等信息及相关的安全文明知识。在小区主任的带领下，5名网格长联合

起来每月一次对小区住房卫生进行评比公示，有效地帮助卫生做得差的住户改掉懒散的习性，逐步向城镇化生活转变。

三是互助组织融入。镇扶贫站动员镇青年干部、学校教师组建了一支32人的白云山镇青年志愿者服务队，小区党支部动员住户自愿加入群众互助协会、老年协会。目前群众互助协会已有成员54名，小区老年协会和镇离退休干部协会成功融合，成员达46人。三个"自我管理、自我服务"的互助组织，主要为搬迁群众提供就业创业、邻里互助、矛盾纠纷调解等服务，帮助搬迁群众正确处理好日常生产生活中的各类关系，协调解决搬迁群众之间、搬迁群众与当地群众之间的各种矛盾。目前，各类互助组织已为14名搬迁群众找到了就业之路，协调解决纠纷100余起。

实现四个联动

一是产业带动。整合搬出群众土地入股，强化经营性公司的运作，进一步做大做强白云山刺梨、苹果、香酥鸭养殖等产业，重点以但家食品有限公司为主，引导贫困户通过"特惠贷"入股的方式，参与到"藤缠树"扶贫模式的养殖行列。目前通过"特惠贷"入股大棚养鸭的搬迁户已有12户，入股资金达60万元，修建大棚17个，每年可回利7万余元，加上扶贫资金的分红，入股鸭子养殖的群众年户均分红达8000元以上。扶贫资金与"特惠贷"资金的注入，加速企业的发展，实现产业与扶贫同步推进，有效增加贫困户收入。整合扶贫、林业、农工等项目资金 200 万元，在离镇区不远的戈先组集中流转土地 1000 亩，以项目引领种植刺梨，前三年采取项目兜底、贫困户参与管理、见效益后交由贫困户经营、收益全归贫困户所有的方式，解决搬迁群众长效增收问题。在安置点周围流转 50 亩土地，开办微田园，每户搬迁群众可分到 3 分土地，用作种植日常生活蔬菜，为搬迁群众减少部分生活开支。

二是内力驱动。通过对搬迁群众的思想教育及政策宣传，搬迁群众在文明用语、卫生习惯、衣物打扮等方面有了较大改观，缩短从农民到市民的转变适应过程，开始融入新社区生活，做到思想上与党和政府同心同德，目标上同心同向，行动上同心同行，共同建设社区新家园。县人社、职校等多个部门联合开办为期 35 天的中式烹调师培训，60 余人参加培训，其中易地搬迁群众点群众占 60%。

三是发展联动。通过建立互助组织，提高搬迁群众认识，建立和谐的人际关系，树立"我为人人，人人为我"的社会互助精神。针对易地扶贫搬迁中缺乏城镇生活技能和难以向非农村生活方式转变的这部分群众，社区群众自发组成热心小团体，给那部分需要帮助的群众普及生活常识和环境卫生等方面知识。不仅如此，易地扶贫搬迁群众组成务工劳务队，凭借个人技能融入社会中的各行各业进行工作。同时，依托产业发展帮助搬迁户壮大种养基地并吸收贫困人口进入种植产业内务工，使得他们的生产生活条件得到极大改善。目前，已就近安排178人到镇辖鼠场工业园区企业、但家食品有限公司、蔬菜基地等就业（其中50余人属于意向性落实就业岗位），实现人均增收1841元。

四是党群互动。通过党支部引领、党员带头，群众积极参与到小区的管理当中，为小区建设建言献策。目前，小区党支部收到移民提出的意见、建议32条次，涉及小区管理、部门意见、后续发展等方方面面，已答复所有意见、建议，落实有效建议12条次。其中由搬迁群众杨其付提出的"农村老年人闲不住，要想让老年人不往回跑，就得给他们找事做"这一建议为我们的就业指导工作提供了新思路。对此，党支部主动对接镇内61家企业，共收集到工业企业提供的就业岗位89个，涉及工业刀具加工制造、建筑等方面，下一步准备通过分析搬迁群众各自的劳动力特点，积极促进转移就业。

（材料提供：白云山镇政府，2017年12月）

第七章

产业扶贫创新之路

持续强化贫困人口可持续性生计能力建设，以产业发展促进贫困人口增收，可谓贵州延续多年的扶贫开发工作路径。2017年8月，贵州发起"四大硬仗"以攻克深度贫困堡垒，提出要把农业供给侧结构改革和产业扶贫结合起来，扬长避短、扬长补短，强龙头、创品牌、带农户，集中力量推进特色优势扶贫产业大发展。2018年，贵州进一步提出"来一场深刻的农村产业革命"，全速推进全省农业产业结构调整，推动贵州绿色优质农产品不断"泉涌"，带动贫困群众持续增收、稳定脱贫。在这一背景下，按照白云山镇政府统一部署，金山村以"一养两种三提升"作为产业扶贫行动主要抓手，以"户户有增收项目，人人有脱贫门路"为目标，按照"藤缠树"发展的方式，着力发展肉鸭养殖、蔬菜种植、刺梨种植等产业，努力提升产品的数量、质量与品牌，有力实现全村建档立卡贫困户稳定增收。

第一节　金山村产业扶贫项目

一　肉鸭养殖项目

但家食品有限公司是贵阳市较为知名的食品生产企业，其产品"但家香酥鸭"是贵阳市知名度颇高的名小吃。此前，但家香酥鸭的肉鸭原料主要来自省外，随着产品销量持续提升，为控制成本，该公司于2016年投资在白云山镇凉水村开展了樱桃谷鸭大棚养殖，并初获成功。由于该公司实力较强，养殖技术成熟且销路不愁，故受到白云山镇政府的高度重视，并计划在镇内更多区域推广。

经白云山镇政府与但家食品有限公司协议，2017年起金山村正式引入了以樱桃谷鸭为主要品种的肉鸭养殖项目。协议规定，以但家食品有限公司为龙头，在金山村先后领办运行3个标准化立体养鸭大棚，发展肉鸭养殖项目。建设这3个标准化立体养殖大棚需投资300余万元，资金主要来源是贵州省检察院提供的集团帮扶资金和贵阳市白云区所提供的对口帮扶资金，但家食品有限公司则主要负责大棚建设、鸭苗投放及运营管理，并负责与金山村的 164 户贫困户先后建立起利益联结机制，并承诺按照每个鸭棚 100 万元的投资额计算，连续三年进行保底分红（第一年 100 万元集团帮扶资金的 10%、第二年 10.5%、第三年 11%）给贫困户和村集体（其中贫困户占 90%、村集体占 10%），三年满后的分红比例再行协商。由于效益稳定，2018 年，在镇政府引导下，金山村 20 户建档立卡贫困户利用"特惠贷"投资 100 万元新建出一个立体养殖大棚，管理及分红模式不变。至此，全村养殖大棚数量达到 4 个。

肉鸭养殖对于金山村产业扶贫行动产生了直接效果。一是增加了务工就业机会。金山村 6 名具有初中文化水平的村民被招聘为养鸭大棚工人，月薪可达 3000 元，其中有 2 人属于建档立卡贫困户。此外，但家食品有限公司在邻村凉水村设有加工厂，常年需要招收杀鸭工人，金山村有 30 多个村民也曾经前去务工，不过，由于工作强度大且日薪偏低，长期坚持下来的仅七八人。二是通过入股分红使参与者获得更大收益，由镇政府出面协调，借鉴"三变"模式，动员部分无技术、无劳动力的贫困户，利用国家产业扶贫资金或"特惠贷"资金，将每户 5 万元资金折成股金投入公司运营，贫困户年终可得公司分红。三是村集体经济收入得到增加。为提高与公司的合作效率，金山村建立了肉鸭养殖合作社，以统筹运作各贫困户或非贫困户投入养殖大棚的股金，在确保所有参与农户基本利益的同时，合作社每年也以收取管理费的形式，从 3 个养殖大棚获得收益近 2 万元。

图 7-1　肉鸭养殖股东分红大会

（陈国江拍摄，2018 年 12 月）

二　蔬菜种植项目

2017 年初，白云山镇政府决定把发展蔬菜种植作为全镇产业扶贫的重要突破口之一，并同步创建了五个蔬菜基地，金山村翁糯蔬菜种植基地就是其中之一。翁糯蔬菜种植基地土地肥沃、日照条件好，拥有种植蔬菜良好的自然环境和条件。镇政府通过建立镇统一的平台公司进行运作，整合县安排的农业产业发展专项资金和镇其他扶贫资金，共投资 130 余万元流转土地 630 亩，种植 300 余亩辣椒和总计 300 亩的豇豆、黄瓜、胡豆等蔬菜。在日常运作和蔬菜统销上，翁糯蔬菜基地主要采取"合作社 + 贫困户 + 大户"的"藤缠树"模式开展。合作社吸收了 60 户农户参加，其中贫困户近 40 户。合作社贫困户成员主要利用镇里整合的扶贫资金入股，同时可以到基地务工，拓宽收入渠道。大户则作为致富带头人，在日常管理中以实际组织者的身份参与合作社生产经营活动。2017 年该基地生产蔬菜达 90 余吨，产值约 190 余万元。在镇平台公司统一组织下，该基地已与贵阳市合力超市、长顺县萌发农业科技有限公司等 6 家企业和收购商签订蔬菜购销协议。在用工方面，该基地的用工需求会根据种采季节出现一定调整，如在移苗和采摘高峰期，每日用工量达 50 人以上，在非高峰期，也需要 15 人左右进行田间管护。在此条件下，该基地通过用工招聘，先后解决贫困户就业 60 余人，当年平均每人收入达到 5000 元以上。此外，该基地还通过参股形式建立利益

图 7-2 翁糯蔬菜基地

（韩缙拍摄，2017 年 6 月）

联结，覆盖贫困户 39 户 132 人，并在 2017 年底实现 39
户贫困户户均分红 1400 元以上。此外，基地还会开展技
术培训，使参与的贫困户进一步掌握种植技术，从而不
断增强自主脱贫能力。

　　案例： 韩发该是白云山镇金山村的精准扶贫户，
家有五口人。因自身残疾，加之三个孩子还在上大学
和高中，生活的重担便压在了他妻子罗素芬的身上。
据韩发该回忆，以前家里住的就是一栋破瓦房，每逢
下雨天就要漏雨，全家人提心吊胆的，睡个安稳觉都
成问题，全家人靠妻子务农简单地维持生计，生活十
分艰苦。"现在扶贫政策越来越好，产业扶贫项目覆
盖，新房子也修建起来了，今年分红 1800 元，平时我
和妻子还可以到蔬菜基地务工，盖膜、种苗、捞箱、
浇水……什么都干，一天一人 70 元呢，脱贫致富越来
越有信心了。"韩发该拿着今年的项目分红，激动地告
诉记者。

　　《黔南党建》2017 年 12 月 5 日。

三　刺梨种植项目

　　金山村现有刺梨种植面积 0.5 万亩，2017 年收获刺梨
达 600 吨，产值约 180 余万元，涉及贫困户 50 余户，户
均纯收入 7500 元以上。为发展刺梨产业，白云山镇政府

协调成立了刺梨产业发展领导小组，由该小组统一全镇刺梨产业发展步调，并协调配置相关资源。一是与收购商接洽，按照订单销售模式，统一收购镇区内的所有刺梨，使广大种植户能抱团发展，2016 年的保底价是 1.5 元 / 斤，2017 年上浮到 1.7 元 / 斤。二是强化措施，加强刺梨种植面积的排查、监督，督促群众加强田间管理。三是科学合理规划、实施刺梨种植，确保刺梨项目落地生根，带动贫困户脱贫致富。四是定期向种植农户发放复合肥，每株刺梨发放 4 两，每亩 111 株，每年大约发放 200 吨以上复合肥。为推动金山村坟山和地冲两个村民小组的复垦工作，2018 年，白云山镇政府在该区域引导开发出 1 个占地1000 亩的易地扶贫搬迁迁出点刺梨种植示范基地，并覆盖20 余户建档立卡贫困户。为保障运行时效，镇政府还将争取到的县刺梨产业项目专项资金交由镇平台公司统一管护经营，使刺梨产业更坚实地成为金山村脱贫攻坚的重要支柱产业之一。

四 葛根种植加工项目

葛根是公认的药食两用中药材，素有"亚洲人参"美誉。葛根耐旱耐贫瘠，适宜于山坡地、沙荒地生长，不与粮争地，有利于促进土地的有效利用。与长顺县距离不到300 公里的广西百色地区，葛根种植有着较长历史，是当地促进农民增收的重要产业。2016 年下半年，有关专家通过考察发现，白云山镇的地理位置、气候条件和自然资源优越，较为适合产业化发展葛根种植。

2017 年 3 月起，在贵州省检察院驻村同步小康工作队牵线搭桥下，贵州贵粮尚品农业有限公司投资 200 余万元与金山村白云水果专业合作社合作，运用"公司 + 合作社 + 农户"的模式，在龙山坝小组建设了有机葛根种植示范基地。该基地流转 25 户农户共计 200 余亩土地（其中贫困户 12 户），并带动基地周边种植户 20 余户（其中贫困户 7 户）。公司一般以赊销种苗、提供技术指导、最后统一收购的形式展开合作。在 2017 年，龙山坝葛根基地种植面积达到 220 亩基本规模。到同年年底，即便下种较晚，基地仍实现每亩 6000 元左右的销售收入，即使部分种植户还存在管护及肥料投入问题，平均每亩也达到了 5000 元左右的销售收入。同年，该葛根基地共用工 100 余人，其中参与用工的贫困户劳动力达 30 余人，至年底每户平均获得工资收入 8000 元以上。鉴于较好的种植前景，贵粮尚品还于 2018 年上半年建起葛根加工厂厂房一幢，拟开展深加工，延伸产业链。

五　生猪养殖项目

2017 年 12 月，由白云山镇政府牵头，引入长顺县萌发农业发展有限公司在金山村松章村民小组建设养殖基地发展生猪养殖。该生猪养殖基地总投资 580 万元，镇政府整合财政专项扶贫资金 170 万元，并以每户 2 万元标准量化到 85 户建档立卡贫困户，具体则交由镇属平台公司（云山领创农业开发有限公司）负责执行。长顺县萌发公司则投入 410 万元，并负责对政府投入的扶贫资金进行托管。政府与公司双方约定基地运行采用"1+1+1+N"（政府 + 扶贫开发公司 + 龙头企业 +N 个贫困户）模式，萌发公司自负盈亏，并承诺保底分红。根据双方协议，该生猪养殖基地将建设含 4 个标准圈舍的中型生猪养殖场，并计划年出栏生猪达到 6000 头规模。同时，萌发公司承诺将连续三年分红给项目覆盖的贫困户，并实现逐年递增 0.5%（即第一年 10%、第二年 10.5%、第三年 11%）。到 2018 年底，金山村所有被该项目覆盖的建档立卡贫困户都拿到了分红。此外，该养殖基地还招聘了 15 名工人进行日常管理，其中属于建档立卡贫困户的有 6 人。按基地劳务协定，每个工人每天可以获得 100~120 元的报酬，由于工作相对稳定，每个工人的月工资都可以保持在 3000 元以上。此外，在 2018 年底，生猪养殖基地以缴纳管理费形式，为金山村集体经济贡献了 2.14 万元。

第二节 金山村产业扶贫项目中的管理创新

金山村产业扶贫中最为典型的管理创新，应该是镇属农业平台公司白云山镇云山领创农业开发有限公司在其中的管理作用。到 2017 年 8 月，白云山镇属平台公司已经主导建立500亩以上的蔬菜基地3个，总流转土地1926亩，涉及农户269户（其中贫困户84户），主要种植辣椒、糯玉米、西兰花、豇豆等，解决群众务工10500人次（其中贫困人口务工4200余人次），并于当年实现收入190万元（其中利润可达35万元左右），带动135户贫困增收。

一 平台公司基本构成

首先，平台公司是由政府全额投资的政策性农业开发平台公司，负责在产业基地建设、农业产业结构调整等方面承接项目及扶贫资金投入管理，并确保公司发展方向不变、资金投入渠道不变、与贫困群众利益联结不变。

其次，平台公司着力于构建扁平化的组织构架。重点采取"政府专班 + 平台公司 + 能人"的运作模式。政府专班由政府主要领导、镇农业分管领导、农业服务中心负责人构成，主要负责产业发展指导、各类项目资金整合、相关部门的对接等。平台公司董事长为镇扶贫工作站站长，经理为镇聘用的专职干部，专门负责协调现场管理和对接市场销售。财务人员则由镇相关人员兼任。能人为当地有发展能力和综合协调能力，有一定群众威信并懂得蔬菜种植管理的人，每个基地一般会选择3~5名能人参与，并使其持一定股份参与收益分红。以上设置旨在有效避免项目资金"垒大户"等现象的发生，逐渐消除部分群众对扶贫项目的一些担心与偏见，并逐渐改变部分合作社有名无实、不能发挥示范带动作用的困境。

二 平台公司基本运作形态

首先，重点打造"主体经营、效益三分、多股并行、量化增收"运作模式。该模式旨在进一步稳固平台公司与土地流转户、贫困群众之间的利益联结，并有效力激发贫困群众自我发展的内生动力。"主体经营"是指平台公司完全承担起经营主体责任，既要抓好土地流转规模化经营和相应基础设施建设，使群众能积极参与；还要抓好统一规划、统一物资、统一技术、统一包装、统一销售"五统一"建设，以更好地对接市场。"效益三分"则指项目所产生的效益由平台公司、入股参与能人、土地流转农户按一定的比例分配。平台公司以扶持带动的方式享受基地产生效益的40%。当地流转土地的农户除了可获取土地流转费用之外，还可享受项目产生利润部分的20%，实现二次利益分配。能人以现金或技术管理参股，可享受基地利润部分的20%。最后剩余的20%则作为基地滚动发展资金和对有功人员的奖励基金。"多股并行、量化增收"是指基地运作流畅后，公司有偿将基地流转的土地进行网格化分区，根据个人种植和管理能力量化股份交给当地贫困户或镇区易地移民搬迁户种植，使他们能转为产业工人和职业化农民。公司职能在此时转为负责向种植户回购产品进行销售。同时，平台公司将从每年的销售收益中拿出10%~15%作为利润分红金，结合群众交售的数量与质量等因素按比例向参与基地发展的群众实行量化分红，从而形成生产合作、供销合作、信用合作、劳务合作"四位一体"新型合作模式。

其次，建立并完善四重收益机制。一是保底分红，即平台公司承接政府投入的扶贫项目资金，通过量化贫困户股份（户均 2 万元）保底分红，确保其如期脱贫。二是享受土地流转费用，旱地每亩保底为 300 元，水田每亩保底为 500 元。三是农户除了可获取土地流转费外，还可以到基地务工，获取务工费，如不少务工者月工资突破 2000 元。四是从基地利润中抽取 20% 作为给积极参与基地建设并表现优秀的群众（贫困户）的奖励，培养积极优秀务工人员及激发能人积极参与。

三 平台公司运行的关键性支撑——做到五个坚持

一是坚持平台公司引领。凭借一季两季可能不赚钱或者亏本的勇气，努力通过自主经营运作来探索市场规律，为下一步发展积累经验，以尽快探索出保证贫困群众和土地流转农户在家门口打工挣钱的可行路径。二是坚持吸引能人入股。平台公司的角色定位为引领产业发展，鼓励能人入股，采取"1+9"的"十户一体"模式，1 个能人带 9 户群众，网格化、小单元种植，种什么、种多少由公司以销定产，订单收购。三是坚持集中散户资源。对全镇的农产品进行统一收购、统一形象设计和包装，形成白云山镇自有品牌，并适时启动农产品深加工项目，延长产业发展链条。四是坚持带动群众发展。开放群众以土地、资金入股经营，尽可能增加公司的投入资金，扩大基地面积，排出种植时间表，打好各类季节性蔬菜的接茬与错峰牌，在巩固现有种植面积的基础上，强点扩面，通过分红及增加农户在基地务工收入来激发农户的积极性。五是坚持宣传动员和技术培训。在做大基地产业的基础上加大对外宣传力度，提高基地产品知名度、美誉度。同时加强对外交流与合作以及管理人员培训，学习管理技术及经验，为白云山镇蔬菜产业取得更大发展奠定坚实基础。

第八章

教育医疗住房"三保障"攻坚之路

打好教育、住房、医疗"三保障"硬仗，是贵州省
2017年提出并全力推动的脱贫攻坚工作"四大硬仗"之
一。"三保障"工作是衡量地方扶贫工作成效的重要标准，
必然受到长顺县委、县政府的高度重视。

第一节 危房改造及人居环境治理

金山村2017年度计划脱贫的贫困户中有危房户40户，
计划改造40户，计划在2017年底全部完成。2017年11
月，长顺县提出，要重点帮助住房最危险、经济最困难的

建档立卡贫困户、低保户、农村分散供养特困人员（五保户）和贫困残疾人家庭等四类重点对象，并同步实施"三改"（改厨、改厕、改圈），以确保达到国家相应脱贫标准。在程序上，长顺县危房改造实行"五公开"制度，即政策、补助对象、补助标准、民主评议、审批结果公开。在改造标准上，以减轻农户负担为前提，原则上一级危房（D级）拆除重建，二、三级危房（C1、C2级）修缮加固。对于政策兜底贫困户，原则上控制在40~60平方米，三人以上农户人均建筑面积控制在13~18平方米。在危房改造补助标准方面，四类对象中，一级危旧房补助3.5万元（对其他对象一级危旧房补助0.5万元），二级危旧房补助1.5万元（对其他对象二级危旧房补助0.3万元），三级危旧房补助1万元（对其他对象的三级危旧房补助0.2万元）。为使补助与危房定级精准对应，长顺县还要求各乡镇组织力量开展危房级别再核查工作，强调以事实为依据，特别是原已经录入省建设厅系统内的二、三级危旧房，若核实其可以上提危旧房级别的一定要上提，并按照新上提级别安排相应危旧房补助。

2018年初，白云山镇开展危房改造不到位专项治理工作，组建由镇纪委、财政所、党政办、扶贫站为成员的领导小组。金山村作为唯一贫困村自然首先被选中。其工作重点包括六点。一是摸清对象。在入户摸底工作中，核查危房基数，确定需要改造的对象。二是按标准鉴定危房登记。按照危房改造认定表的相关要求，全镇推行网格员负责制，负责排查各个片区的危房底数，做到适时"动态调整"。三是分类开展改造工作。按照能搬迁不危改的要求，对纳入搬迁的危改户进行调减。四是严格建设管理。落实"五主体四到场"①要求，签订协议，确保质量监管，严格审批，按计划推进。五是按标准严格进行竣工验收。竣工验收按照"五主体四到场"的要求，村镇规划机构、国土机构、村委会、建房人、承建人均须到现场进行验收并签字盖章。六是加强部门对接，切实解决危房改造不到位问题。在此过程中，金山村作为危改工作重点村受到了重点关注，危房改造工作也得到了加快。

与此同时，根据长顺县统一部署，金山村按照"缺什么补什么"的原则，在危改工作中同步推进"三改"，力求补齐基本居住功能，改善基本卫生健康条件。在具体改造中，改厨的基本标准是干净整洁卫生、满足基本功能、管线安装规范、烟气排放良好；改厕的基本标准是建设和完善"两池一洗"（化粪池、便池、冲洗设备），做到有门窗、有顶、有便池、有承水弯、有照明通风；改圈的基本标准是杜绝人畜混居现象，建立屋外独立圈舍，并完善储粪池、沼气池和储液池等配套设施。对此，县里还统一制定出补助标准：改厨1500元/户、改厕1500元/户、改圈2000元/户，且每户补助总计不得超过5000元。在此过程中，县政策还针对缺乏劳动力的孤、残、老、弱、病等特殊群体的危改及"三改"工作，

---

① 指乡（镇）政府、街道办事处规划建设机构、国土资源机构、村委会、承建人、建房人五方主体在危房改造建设过程中，要做到建筑放样到场、基槽验收到场、主体封顶到场、竣工验收到场。

提出由乡镇组织施工队进行统建（帮建），并在工程全面建成及验收后，按照 5000 元 / 户（一级危房）或 1500 元 / 户（二、三级危房）的标准对乡镇进行补助。由于有统一的物料及施工标准，且只有在验收后方能得到补助，故金山村绝大部分改造户都愿意将自家改造工程交予镇政府统一组织施工。

到 2018 年 9 月，金山村通过精准摸底、精准实施，实现危房改造 87 户，并同步推进"三改"工作 87 户，其中库内 41 户竣工率 100%；库外 46 户危改户（四类重点对象 D 级 23 户、其他对象 D 级 23 户），开工 46 户，开工率 100%。为确保工程进度及工程质量，白云山镇还在金山村邀请并培训了两名老党员担任村危改义务监督员，代表村民监督各工程队的施工情况。

不过，金山村的危房改造工作并不仅仅来源于县统一部署，也存在社会力量参与的情况。如翁糯一组的贫困户韩发该一家，韩本人是残疾人，全家共有五口人，且三个孩子还在上学，由于家中房屋年久失修被认定为二级危房，加之家庭条件特殊，获得了县卫生局等单位干部职工的捐款 50000 元，该捐款直接用于韩家的房屋重建工程。2017 年底，属于韩家的一栋住房面积为 80 平方米，且配有独立卫生间和厨房的新居落成。此外，金山村民组的建档立卡贫困户金光华家在金山同步小康驻村工作组的帮助下，获得中铁五局集团的危房改造捐建，全家 4 口于 2017 年底成功迁入新居。

第二节　教育扶贫

　　解决因贫失学和因学致贫两大问题是教育扶贫工作的基本目标。金山村的教育扶贫行动主要涉及两个方面：一是贫困家庭子女教育扶贫问题，包括学前教育、九年义务教育、现代职业教育，以及普通高等教育（本科及以下）等内容；二是农村劳动力培训。随着2017年9月《贵州省教育脱贫攻坚"十三五规划"实施方案》的出台，金山村的教育扶贫工作有了更进一步的提升。金山村建档立卡贫困户学龄前儿童若入学于县教育局审批的幼儿园，则可以享受到每年500~800元的保育教育费和幼儿生活费，据此政策，2018年金山村8名入学于白云山镇中心幼儿园的建档立卡贫困户儿童均获得了此补助。其大致程序是由幼儿家长提出申请，在镇幼儿园和村委会盖章后，由镇扶贫站上报县教育局，县教育局在审批之后，县财政局则在一年内分两次，按每次400元的标准直接划到幼儿家长银行卡。此外，8名入学于白云山镇中心幼儿园的儿童还享受到每年600元的普惠性营养改善计划补助。金山村建档立卡贫困户小学及初中等义务教育阶段在读子女获得的特殊资助主要为寄宿生活补助，由于长顺县小学没有寄宿现象，故实际享受到该资助的是有在读初中生子女的家庭。根据我们2018年对有初中生子女贫困户的随机访谈，每年1250元的寄宿生活补助均已按时转账到家长的银行卡，未发现漏领情况。同时，针对建档立卡贫困户高中及中职以上在读子女的入学资助也获得有效推进，全村现有高中在校生 58 名，当年人均获得教育资助 4000 元；大专及以上学生 16 人，当年人均获得资助 5500 元。

从 2016 年到 2018 年，金山村贫困户子女入学资助获得了持续性保障，这主要得益于三个方面的支撑：一是长顺县严格贯彻上级有关政策，并配备资金保障；二是县教育局、县扶贫局等相关县直部门与镇、村两级形成了较为通畅的信息沟通机制，县教育局还通过设立举报电话、组建学生资助 QQ 群（分省外就读和省内县外就读）等形式来强化对"漏人""漏助"现象的查补；三是白云山镇政府不断加大管理及宣传力度。首先，加大对九年制义务教育的保学控辍工作力度。白云山镇实行镇村干部包村，校长包校，班主任包班，教师包学生的长效包保机制，并将包保情况与年度考核挂钩。2017年底，金山小学适龄儿童没有辍学现象，原来中途辍学的一名初中学生已动员入学。其次，加大相关政策宣传力度。2017 年以来白云山镇还组织了多次宣传活动，不仅利用赶集天大力宣传《义务教育法》等法律法规，让家长懂得不送子女入学是违法行为，还组织专项活动在全镇范围进行核查，并印发教育精准扶贫资助明白卡到各家各户，努力增进建档立卡贫困户对相关政策的了解。

在农村劳动力培训方面。为促进农村贫困劳动力转移就业，白云山镇政府对金山村提出"一户一培训就业一人"的目标，并从镇层面组织力量对贫困户进行就业意向摸底，根据摸底情况建立基础台账，实行动态管理，最终根据就业意愿开展职业技能培训。在 2017 年，金山村开展了 3 期以葛根、苹果、蔬菜种植及养猪技术等内容为主的培训，完成培训 45 人。2018 年，白云山镇政府又进一步与县相关机构合作，开展了包括维修电工、中式烹调、农村种植养殖实用技术等内容的培训达 10 期，金山村建档立卡贫困户共有 348 人先后参与过相关培训。

此外，村两委与驻村工作组还通过多种形式、渠道，面向广大农户宣传党的支农惠农政策。一是通过举办农民夜校，召开小组会、板凳会、院坝会、田坎会等形式，使村民能多层面、多时机学习了解上级系列扶贫攻坚政策文件，并形成工作常态。二是在各自然村寨显著位置张贴宣传告示，把党的支农惠农政策宣传到老百姓家中和田间地头。三是发挥老党员、退伍军人、村民代表、致富带头人等人士的作用，通过发挥他们的社会影响力，有针对性地强化相关政策宣传效果。四是在日常的走访群众和贫困户工作中，灵活进行个性化政策宣传，以形成更精准的政策宣传效果。

专栏二　金山村扶贫夜校讲习活动又开课了！

为了不耽搁群众白天生产劳作的时间，12 月 4 日晚白云山镇领导利用夜间时间到金山村开展扶贫夜校讲习活动。前来参加此次讲习活动的有白云山镇党委书记李扶蔚、党委副书记王胜权、副镇长陈玺、金山村驻村工作队、村两委以及50户自然村寨的部分群众代表。

此次讲习内容主要围绕脱贫攻坚、金山村计划2018年出列两个主题来展开，传达了《长顺县脱贫攻坚三年行动计划（2017年~2019年）》。陈玺副镇长首先就50户以上自然村寨的村寨建设做宣传动员，动员群众投工投劳参与到村寨建设中来，把自己的村寨建设成美丽、卫生、环保的家园。然后镇党委副书记王胜权就如何打赢脱贫攻坚战，确保金山村在2018年胜利出列做了具体要求。党员干部群众要积极参与到脱贫攻坚中来，从产业发展到基础设施建设都需要做好模范带头作用。驻村工作队和村两委表示会坚决落实好党委、政府的决策和部署，努力打好打赢脱贫攻坚战。

最后，党委书记给群众讲解党的十九大精神，宣传了新时期党的路线、方针和政策，以及"两个100年"的宏伟目标和美好生活。当前我国社会主要矛盾已经转化为人民日益增长的美好生活需要和不平衡不充分的发展之间的矛盾，大家需要把十九大精神同脱贫攻坚紧密联系结合起来，以党建为引领、为抓手推动脱贫攻坚。

（资料提供：白云山镇扶贫工作站）

第三节 医疗扶贫

根据贵州省 2017 年 9 月出台的《进一步完善医疗保障机制助力脱贫攻坚三年行动方案（2017~2019）》，金山村建档立卡贫困人口在医疗保障上基本获得两个层面的支撑。

第一个层面体现在新农合参保上。2017 年，金山村对于无力进行参保缴费的建档立卡贫困户主要由村两委设法垫资，包括使用村集体积累资金解决。2018 年，长顺县级层面通过整合资金 352.04 万元对贫困人口实施分类参保救助，使全县农村建档立卡贫困人口参合率达 100%，金山村无力缴费的建档立卡贫困人口也由此受益。县政府的资金兜底大大缓解了村委经济压力，同时也确保了全村建档立卡贫困户参保的稳定性。

第二个层面体现于对建档立卡贫困户基本落实四重医疗保障[1]，其中的亮点有两处。一是实行"两提高、两降低、一减免"新农合报销政策。提高普通门诊、普通住院和大病保险报销比例（提高幅度不低于 5 个百分点）。同时，普通住院和大病保险起付线也从原来的 7000 元降低为 5000 元。此外，经县新农合办公室核准，转诊到贵州省人民医院、贵州医科大学附属医院等省级新农合定点医疗机构的建档立卡贫困户可以享受不设起付线的政策，这

---

[1] 基本医疗保险、大病保险、医疗救助、医疗扶助。

显然极大地减少了因病返贫现象。二是有了县级医疗扶助制度。建档立卡贫困户通过新农合、大病保险和民政医疗救助补偿后，自费比例仍然过高，并直接影响到家庭基本生活者，通过村委证明、镇级核准程序后，可以申请医疗扶助。医疗扶助的资金来自长顺县政府部门整合的脱贫攻坚资金。医疗扶助政策的启动，可以基本保证相关对象在医疗费用上获得的实际补偿比例在90%以上，其中重大疾病患者、特困供养人员、长期低保户、80岁以上老人等重点人群的实际报销比例甚至可达100%。

金山村脱贫攻坚队组建之后，积极利用不少队员来自县卫生系统的"优势"，有针对性地分配结对帮扶对象。重点针对一些老年户、大病户、残疾户长期头痛的医疗报销难、慢、少等问题，一是积极协助其寻医问药，提高诊治效率；二是在政策范围尽力帮助其制订最佳医疗费报账方案，或寻求更多的社会爱心救助渠道。此外，攻坚队还对新识别贫困户进行了及时的医疗建档立卡，并为其提供证明以办理相关医疗保障，直接着力于因病致贫、返贫问题的解决，实现病有所医、医有所报。2018年，白云山镇及金山村两级卫生机构的建设获得进一步加强，同年10月初，金山村标准化卫生室建成并投入使用，已满足群众基本的看病就医需求。此外，金山全村建档立卡贫困户还完成了家庭医生签约服务程序，签约率达100%。

第九章

基于驻村帮扶视角的金山村脱贫攻坚工作

开展驻村帮扶工作是我国推动脱贫攻坚工作的一项伟大创举，驻村帮扶人员，既是参与者，也是见证者，他们对于金山村的扶贫工作有着充分的发言权。

第一节　驻村帮扶前期工作

一　布局及选点

根据贵州省委、省政府统筹安排，贵州省高级人民检

　　　　　本章内容源于 2017 年 9 月课题组与驻金山村同步小康工作组座谈录音。

察院（以下简称"省检察院"）作为副省级单位定点帮扶长顺县。接到任务之后，省检察院党组迅速部署落实，组建起由一名副厅级干部、两名处级干部、五名科级干部为成员的省检察院驻长顺县同步小康工作队。此外，省检察院还明确了 15 名厅级干部每人应负责联系帮扶长顺县的一个贫困村，全院 29 个支部均须结对帮扶长顺县一个村，从而形成定点帮扶长顺县的全部阵容。鉴于长顺县南北狭长的区域特点，省检察院党组决定分别在其南北两地各选择一个乡镇，构成帮扶长顺全县的两个"犄角"，地处长顺北部的白云山镇被选为"犄角"之一。金山村作白云山镇唯一的一类贫困村，由此成为省检察院开展驻村帮扶的重点。

二　调研并形成帮扶思路

省检察院在对长顺县开展定点帮扶行动之前，曾在遵义市播州区展开过类似帮扶行动，故积累了较为丰富的工作经验。根据贵州省委安排，在接手帮扶长顺县以后，省检察院党组就提出要根据自身行业特点精准发力，并结合贵州省委、省政府所提出的"五个一批""六个精准"等脱贫攻坚总体要求，通过"建立一套沟通机制、确立一条帮扶思路、梳理一张工作清单、选派一支队伍"的"四个一"措施开展对长顺县的帮扶工作。

2016 年 2 月，省检察院三次组织调研队赴长顺县考察，走访全县所有贫困乡镇及典型贫困村，力求掌握第一手资料，最终形成帮扶长顺县的扶贫工作清单提交省检察院党组决策。省检察院党组组织多次专题会议，针对长顺县脱贫攻坚工作主要存在问题，并结合中央及贵州省委、省政府有关精神，对长顺县定点帮扶工作制订如下基本行动框架：一是补齐以道路建设为重点的基础设施建设短板，努力夯实扶贫发展基础；二是结合当地实际，大力推动相关扶贫产业发展壮大；三是努力发动社会参与，推动"三保障"问题有效解决；四是拓展多种途径，促进群众内生动力的培养。

由省检察院扶贫工作队员牵头组建的同步小康驻村工作组在进驻金山村之后，随即开展了如下工作。

首先，完善工作纪律。第一，严格执行第一书记和驻村干部到岗到位和周末值班制度，落实日常考勤和周末值班制度。第二，进一步加强走村串户和与群众沟通工作，排出工作计划，深入村民组召开群众会，真诚倾听群众的声音，按照驻村工作指导要点的各项要求抓好工作落实，努力实现驻村工作群众满意率和知晓率达到100%。第三，要求各位工作组成员熟悉《贵州省第一书记管理办法（暂行）》各项要求、省同步小康驻村工作督查26项重点知识、村情民情等，确保各项应知应会知识了然于胸。第四，按照要求完善考勤台账、周末值班制度台账、驻村纪实台账、工作日记、村级规划、项目申报、述职评议、工作总结等驻村资料。

其次，抓紧调研，掌握情况。驻村队员分成两个调查队深入所有村民小组，力求尽快掌握村情、村貌，并进行以建档立卡贫困户为重点的访谈，为工作开展奠定基础。在此过程中，工作组发现金山村存在如下问题。一是基础设施较为落后，一些村民组仍未通水、通路，不少农户居住在危房，甚至村委会也仍未通电且未设立厕所，办公开会极为不便。二是全村贫困程度较深，贫困发生率始终居高不下，村民增收门路狭窄。三是因病致贫矛盾突出，全村患中重型疾病村民比例较高等。

最后，制定工作方向。一是下大力气完善全村基础设施，进一步梳理村里需要修建的通组道路，积极向上级部门和社会各界反映困难和问题，争取项目实施。二是通过引进更多的社会企业参与，大力发展全村扶贫产业，特别是力争在种植业和养殖业上实现快速协调发展。在原有的牛、羊等传统养殖业的基础上，以"藤缠树"模式推动肉鸭、生猪、肉牛养殖业发展，同时还要大力发展无公害、绿色、有机蔬菜种植产业。三是加大智力扶贫的力度，引进省内更多技术培训，争取形成服务长效机制。特别要开展扶贫夜校等定期培训，把讲解扶贫政策、电脑实操培训、外出学习参观融入智力扶贫行动之中。

第二节　驻村帮扶工作重点

一　推动基础设施建设

要致富先修路，推动金山村交通道路建设成为帮扶首要工作。通过近两年努力,获得的主要成绩包括三点。

一是由省检察院出面与省交通厅协调,投资改建了贵阳市花溪区至长顺县白云山(经惠水县)的公路,这条路直接穿过金山村,对于加强金山村与县城及贵阳的联系至关重要。

二是引进贵州省保利久联集团,以援建方式投资 300余万元,建成一条总长约 5 公里,宽 4.5 米的道路。这条道路极大改善了大龙山组、龙山坝组及周边六个村民组的交通状况,特别是解决 100 余户 400 余人出行困难的问题,并惠及周边村落近 4000 多名群众。这条道路在修建过程中,也得到县相关部门的密切配合:县发改局快速审批、县交通局提供监理等业务支持。由工作组会同村委召开群众会,向群众告知修路的计划,以及可能征用的土地,并要求村民签字按手印同意无偿提供土地,涉及道路建设的20 多户农户均表现出支持态度。由于前期工作到位,土地征用及施工过程非常顺利。

三是协调贵州中烟工业公司捐款 100 万元,并加上县扶贫局调配的 20 万元,建成长约 3.5 公里的白云山镇猛秋村至凉水村道路(经过金山村部分村民组)。贵州中烟公司将捐建款直接汇入县扶贫局账户,然后由县扶贫局与白云山镇政府协调通过社会招标进行施工。为弘扬企业善举,工作组还积极与长顺县税务机关协调,为企业的捐建行为及时提供相应税收减免优惠。此外,企业还获得所捐建道路的命名权。

针对村委会基础设施欠缺问题,工作组组长决定动用省检察院配备的扶贫工作经费进行改善。同时还加紧与镇供电部门对接，为村委通电及配套施工争取到最大幅度优惠。2016年6月6日，村委会及周边村民终于顺利通上了电。同年8月，村委会厕所建成并投入使用。此外，工作组还从省检察院申请到两台电脑及一台复印机，极大改善了村委会日常办公条件。

二 推动产业扶贫

因地制宜拓展农业产业发展空间，是培育发展内生动力，实现稳定增收的根本途径。工作组推动金山村产业扶贫进程，主要有如下亮点。

首先，积极支持但家香酥鸭养殖基地做强做大。贵阳著名小吃品牌"但家香酥鸭"每月的肉鸭原料需求量在20万只以上，由于贵州本地供应量有限，但家香酥鸭食品公司每年从山东购入上百万只成鸭回贵阳加工。为降低成本，该公司决定利用山东技术，在贵州选择合适区域发展樱桃谷鸭养殖。白云山镇靠近贵阳且气候环境适中，遂成为该公司发展樱桃谷鸭养殖的首选地。2015年6月，该项目正式落地。经白云山镇政府与该公司协商，由政府注入一定扶贫资金与该公司合作，形成"但家香酥鸭公司+合作社+农户"的"藤缠树"产业合作模式。当年年底，该合作项目已产生一定收益。但家香酥鸭独有的品牌影响力及旺盛的市场需求量同样引起工作组重视。经过多次实地考察并与企业洽谈，2016年6月，省检察院党组同意拿出由省财政提供的集团帮扶资金

图 9-1 工作组与镇干部商量工作

(韩缙拍摄，2017年9月)

400万元，与但家香酥鸭食品公司进行合作，并商定：400万元投资将按每户2万元的标准，直接量化到白云山镇200户建档立卡贫困户（以金山村贫困户为主）名下，使其成为养鸭项目股东。此投资将在白云山镇建设三个立体鸭棚，每个鸭棚每年可出栏20000只鸭子。但家香酥鸭食品公司则作出分红承诺，确保每年向获得股权的建档立卡贫困户进行分红。

其次，积极培育新的种植产业增长点。在大力支持肉鸭养殖项目发展的同时，通过工作组协调，省检察院党组同意拨出剩余100万元集团帮扶资金[①]，用于对白云山镇蔬

[①] 据金山村同步小康驻村工作组组长介绍，贵州省检察院检察长作为副省级以上领导干部，可从省财政获得500万元集团帮扶资金配额，用于所包干扶贫区域的帮扶工作。

菜、苹果、刺梨等种植产业的扶持。不仅如此，驻村扶贫工作组还通过各种渠道，吸引广西、贵阳等地的农业公司来白云山镇考察，以寻求合作空间。2017 年春，工作组通过贵州农产品商会，引入贵州贵粮尚品公司投资 200 余万元，在金山村开展有机食用葛根种植，并于当年初步取得成功。

三 强化相关教育培训

为加快金山村产业扶贫步伐，工作组认为，必须尽快提高当地农民的种植技术和市场意识。对此，工作组积极调动多方资源，通过"走出去，请进来"的形式，引导村民接受各种技术培训。以 2016 年下半年为例：7 月 26 日，组织 30 多名有蔬菜种植意愿的农户到贵阳超市或生鲜蔬菜销售点参观学习；7 月 30 日，召开长顺县白云水果专业合作社技术培训现场会，邀请省内知名苹果种植专家王金艺老师给 20 多名种植户授课；8 月 4 日，邀请贵州省恒顺黔草生物科技有限公司钩藤种植专业技术人员举办技术培训会，参加培训的村干部及群众达 60 余人；12 月 15 日，组织 30 余名种植户赴贵阳市白云区学习蔬菜及中药种植技术。时至 2017 年，培训工作仍在推进：4 月 14 日，邀请贵州省农科院辣椒所专家，面向 50 余名种植户举行辣椒种植现场培训会；5 月初，邀请贵州省农业科学院园艺研究所两位专家开展蔬菜种植专业技术指导培训，50 多位蔬菜种植大户参加；5 月 18 日，由省检察院协调，组织了金山村 60 名村干部、种植大户或积极分子赴遵义播州、湄潭等区县考察学习；6月13日，邀请贵粮尚品农业公司专家举行葛根技术培训会，金山村村干部以及葛根种植户20余人参与了此次培训；等等。

此外，工作组还通过树立发展典型，进一步引导培育群众内生动力。在扶贫工作中，工作组发现因病致贫的建档立卡贫困户金光华，虽然患有心脏病，需要长期靠药物维持，且丧失重体力劳动能力，但金光华本人并未"等靠要"，而是与妻子租了一片既不通路也不通水的土地发展种植业。金光华的种植布局是将其中的70余亩用于种植烤烟，剩下的40余亩则采用向贵粮尚品农业公司赊销种苗的形式，尝试种植食用葛根。为保证质量，金光华还雇用了几名妇女劳动力，用贷款或打欠条来支付工资。为肯定金光华"没有躺在政策上伸手要"的自强精神，鼓励其发展生产、努力脱贫的强烈意识，工作组除多次在全村各类大小群众会上大力宣扬他的事迹外，还邀请媒体对其进行宣传报道，从而为更多的建档立卡贫困户树立起一个可见可学的榜样。

四 积极协调社会资源，提高医疗救助质量

在走访调研中，工作组发现金山村村民缺医少药情况较为普遍，小病拖成大病、大病拖成重病的事情时有发生。其起因一般为缺钱看不起病，或缺乏基本医疗信息。例如，国家早有对白内障提供免费治疗的相关政策，但金山村大多数村民无从得知。建档立卡贫困户王兴忠老人已

经 70 岁，患双眼白内障已有两年，每天只能在家中火塘边枯坐。在与工作队员交谈时，王兴忠哀叹："干不了什么活，反而成家里拖累，不如死了算了"。鉴于村里与王兴忠同样际遇的老年人还不少，2017 年 3 月初，工作组及时联系贵阳晶朗眼科医院赴金山村举行义诊。义诊活动在金山村村委会举行，吸引金山全村 28 个组的 100 余名中老年人前来就诊。在活动中，贵州晶朗眼科医院的医生首先为村民讲解白内障、青光眼、干眼症、老花眼等常见眼病的病因及病状，并着重介绍了白内障的治疗方法及国家相关医疗救助政策。同时，医生利用专业设备给前来就诊的村民进行了眼科检查。通过初步检查，医生们现场诊断出 20 余名村民患有白内障或其他眼疾，并安排 13 名具备手术条件或需要进一步检查的村民乘医院救护车赴贵阳院本部进行治疗或进一步检查。王兴忠及其被查出白内障早期的老伴均获得了此次赴贵阳免费手术的机会，并在不久后重见光明，开启了生活新篇章。

第三节　驻村帮扶工作中的困惑

驻村帮扶，也是帮扶单位与地方各级相关部门不断磨合，力求构建合力的过程。由于工作背景、思考角度以及最终预期等多方面的差异，工作组在实践中也曾遇到一些难题或困惑。

合作宣教搁浅。驻村帮扶初期，工作组组长曾向县委组织部提出合作，希望在县各贫困乡镇开展"扶贫大讲堂"宣教活动。该活动旨在进一步发挥省检察院独特优势，并结合全县技术教育、传播渠道等方面的资源，形成更为高效的全县性扶贫工作宣讲大格局。此设想在提出之初，即得到县委组织部的积极回应，也获得省扶贫办领导的支持。但由于需要诸多县直部门配合协调等，该设想最终搁浅。导致工作组请来的部分省级宣教培训资源最终只能停留于白云山镇甚至金山村，未能很好地辐射全县。不仅如此，由于县里缺乏相关政策及资金支持，只能靠工作组自行组织开展外出参观活动，甚至常发生工作组成员自费联系车辆或承担费用的情况。虽然按照相关政策，财政产业扶贫资金中有 10% 可用于开展培训，但在实际运行中却鲜有兑现落实。

医疗救助行动遭遇地域限制。贵阳朗晶眼科医院在金山村的义诊活动无疑取得了很大成功，但金山村甚至白云山镇仍有不少患有眼疾的村民由于未接到信息而错失治疗良机。对此，工作组决定把眼科医疗救助工作在长顺县"做大"，惠及更多患者。但按照相关规定，此类医疗行动需要报县卫计局审批。如果审批未通过，按行业管理制度，金山村此前开展过的眼科救助活动亦属"违规"。因为对于公益性医疗项目，按规定只有由卫计、民政、财政等多家部门共同审批，并通过烦琐的报销程序，国家财政补助才会拨款给具体实施医院。由于晶朗眼科来自贵阳，与黔南州没有属地管理关系，故县卫计局按规定，要求晶朗眼科医院先从贵阳市卫计委出具证明，然后转报黔南州卫计委审批，并在获得黔南州"医疗定点单位"资格后开展工作。最终，贵阳晶朗眼科医院失望地退出对长顺县的医疗救助行动。

相关干部变动频繁。白云山镇领导班子更换频繁，领导干部之间的思路、风格往往大相径庭，导致一些项目或工作措施缺乏连贯性。以食用葛根土地流转为例，在项目进入之初，镇前任主要领导曾经承诺土地流转费可以"一补三年"，并由镇财政对企业进行土地流转费用的返还，这其实也是长顺县的一个普遍性优惠政策。但企业正式进入并实施项目后，镇原领导已经调离，新的领导可能限于镇财力等因素而选择沉默，致使企业的积极性受到很大打击。此外，从2016年3月到2017年9月仅一年半的时间内，工作组在白云山镇已经历了周、何、韦、黄四任分管扶贫副镇长，不少工作刚刚磨合或尚未磨合好，突然又换了干部，致使不少项目沟通或资料移交又得重新开始，影响了工作效率。当然，工作组对于镇相关干部的任用或调动没有任何发言权。

金山村小学撤销问题值得关注。作为长顺北部唯一的一类贫困村，金山是一个拥有28个村民组的大村，金山村小撤销给当地小学生上学带来很大困扰。小学生读书得到3公里以外的猛秋村小学或白云山镇小学，加之村组公路狭窄且坡陡弯急，致使金山村孩子上学途中风险较大。县有关部门对取消村小学的解释是为了整合教育资源，实现教学质量提高。金山村干部群众一致希望工作组能向上反映，使金山村小学恢复运行，虽然工作组也通过各种渠道与有关部门进行沟通，但至今并未使问题获得转机。

过于频繁的检查令基层人员相当疲惫。上级对于驻村扶贫工作进行督察检查的必要性毋庸置疑，但检查频率过高，可能影响正常工作开展。例如，省里若要开展某专项检查工作，州、县两级相关部门都会"不放心"，也会在短期内来村里进行同类检查，使全村相关干部要放下其他工作时刻待命。县里也会经常组织观摩会、调度会，虽然有其合理性及必要性，但无形中也占用了工作组和村干部的时间精力，进而对村里一些具体的扶贫工作形成影响。

村级干部的压力问题值得关注。在全力抓扶贫的非常时期，村干部所面临的工作压力可能更大更持久。农村基层组织是整个国家治理体系"金字塔"的基础，但在很多地方，这个基础反而是最薄弱环节。上面"婆婆"多，下面工作杂，以致上级领导责罚，下面村民不满指责，"四处受气"的现象对于金山村干部而言已是家常便饭。不仅如此，因村级干部不能享受"车补"，个人需要承担的工作成本居高不下。金山村区域较广，村干部若没有交通工具几乎很难开展工作，故"私车公用"对于金山村干部而言再正常不过。工资收入低，工作压力大，吸引更多的本土年轻人才积极参与村级事务管理工作难乎其难。

扶贫对象内生动力培养问题亟待关注。工作组进驻金山之后，相当重视扶贫对象的能力建设。由于时间紧、任务重，对金山村所开展的一系列扶贫行动，几乎不用老百姓参与"思考"。以但家香酥鸭产业为例,虽然一个鸭棚要覆盖几十户贫困户,但很多贫困户即便拿到分红也仍然不知原因所在。因为鸭棚用工量较少,普通村民了解的机会并不多。参与性不足,成为培育内生动力的重大障碍。工作组难免担忧:将来政策不覆盖后,这些靠分红增收的群体该怎么办?另据省畜牧专家介绍,养鸭其实是一个高风险低利润的产业,因疫情而"一锅端掉"的风险随时存在。所以金山村调整产业结构的道路还很长,只有引导农民增强自我发展意识,并发展出更为多样化的农业产业,金山村脱贫增收才会得到根本性保障。

第十章

金山村扶贫工作成效总体评价

金山村曾被纳入贵州省 2017 年度整村出列计划。根据贵州省统一标准，贫困村出列需要达到"一降一有一超"：贫困村贫困发生率下降到 3% 以下，村内基础设施和基本公共服务得到较大提升和改善，至少有一个发展良好的主导产业，当年集体经济收入超过 3 万元。然 2017 年初通过"春季攻势"试水，长顺县决策层做出金山村在当年出列难度较大的判断，遂决定将金山村出列时间调整至 2018 年，并上报省、州扶贫部门批准。

近年全村的脱贫户数及人数分别如下：2014 年 23 户 110 人，2015 年 38 户 197 人，2016 年 48 户 212 人，2017 年 30 户 130 人，2018 年 173 户 577 人（见表 10-1）。到 2018 年末，全村总建档立卡贫困人口 324 户 1274

人中，已实现脱贫 312 户 1226 人。

这样，金山村贫困发生率已降至 3% 以下，从而达到贫困村退出的首要标准[1]。同时，由于依靠发展烤烟种植、生猪养殖、养鸭和蔬菜种植等产业，全村年度集体收入达到 7.4 万元，超过了集体收入不低于 3 万元的省定标准。此外，全村在基础设施、基本公共服务、产业发展等方面同样取得长足进步。至此，金山村全面达到贵州省贫困村"摘帽"要求。2019 年初，通过上级审核，金山顺利实现整村脱贫摘帽。

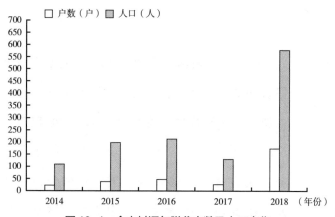

图 10-1　金山村逐年脱贫户数及人口变化

数据提供：白云山镇政府。

---

[1]　根据《贵州省扶贫对象精准识别和脱贫退出程序管理暂行办法》（黔委厅字〔2016〕35 号）规定，贫困村退出应以贫困发生率降至 3% 以下为主要衡量标准。

第一节　取得的基本经验

一　有力的组织推动是根本保证

　　长顺县委、县政府的决策举措及"排兵布阵"，直接决定全县脱贫攻坚工作走向。2017年以来，金山村脱贫攻坚工作的变化发展，无疑是县委、县政府相关决策的最终体现。首先，组织机制不断创新强化使扶贫行动更为高效。由于县"顶层设计"的不断调整和创新，全县在队伍建设和整合资源上更为有力。从县领导亲自担纲到脱贫攻坚队及网格员制度的建立和完善，从参与人员的不断丰富调整到社会帮扶力量的不断注入，金山村的扶贫力量也实现从少到多，由弱变强，进而为推动全村"旧貌换新颜"发挥着中流砥柱的作用。其次，持续的"高压"态势有利于确保扶贫质量提升。由于全县推行严格的常态化专项工作调度机制，县纪委、县督查督办局则根据县扶贫工作领导小组安排，适时开展专项督查，通过重点解决各阶段工作存在的突出问题，倒排工期，逐一销号，进而确保相关部署任务得以保质保量地落地。一系列"组合拳"将压力、责任更为精确地传导到每一名脱贫攻坚队员身上，进而营造出全队精力高度集中，工作推进更加高效的攻坚局面。

二　扎实的帮扶力量是强大依靠

　　纵观金山村帮扶历程可知，一支高效严明、纪律性强、责任心重的扶贫队伍必然决定最终扶贫工作成效。从驻村同步小康工作组开始，到脱贫攻坚队和网格员制度的建立完善，无不凝结着每一位参与者的心血和付出。首先，省检察院驻村同步小康工作组以严谨而扎实的工作作风迅速为全村扶贫工作奠定了良好基调，工作组通过积极的行动，为金山村的基础设施建设、农业产业发展，以及教育、医疗等方面引入更多的外部资源，同时还为提升金山村劳动力素质而积极穿针引线，极大地开阔了村里干部群众的视野，使金山村的脱贫攻坚工作充分提速。其次，脱贫攻坚队和网格员管理工作机制的建立和完善，使来自县、镇两级的扶贫干部能更加强化使命意识，更为主动、积极地开展扶贫工作。从攻坚队团队作战形式，到网格员各负其责的精细化操作，均始终体现全体扶贫工作者的全局意识、责任意识。他们努力、全面、严谨地看待扶贫工作，善于识别、处置各种贫困风险点或民生风险点，从而确保全村脱贫攻坚工作更加扎实有效。

三　丰富的资源投入是重要保障

以"三位一体"为重要特征的多方力量参与，是扶贫工作取得成效的强大基础。无论是专项扶贫、行业扶贫还是社会扶贫，金山村所获得的帮扶资源均相当可观。这其中的投入包含着资金、政策和人力等方面，而且这种投入变化可谓前所未有、规模空前。如仅产业发展一项，金山村所获得的财政专项扶贫资金即超过千万元（2016~2019年），这还不涉及其他类型帮扶资金投入。人力投入方面，以往村里难见"生面孔"，2016年之前的帮扶包保人员基本来自镇里，甚至还由镇中小学的老师担任。如今不仅进驻镇外帮扶人员超过30人，而且其背景、级别、能力均今非昔比，可谓"高大上"。同时帮扶人员还积极作为，真正"扑下身子"为贫困户出主意、想办法，帮助其发展。无论是围绕"两不愁三保障"，还是推动基础设施建设、促进社区发展、鼓励产业发展等方面的政策，脱贫攻坚工作均能找到相应的支撑。

四　广泛的社会参与是宝贵依托

社会帮扶力量的广泛参与，同样为全村基础设施、产业环境和人力资源等方面带来显著变化。除了集团帮扶、对口帮扶、东西部扶贫协作等大型帮扶行动外，不少企业和爱心人士以捐建、助学、免费咨询等形式帮助金山。同时，但家香酥鸭公司、贵阳惠民生鲜超市以及县内不少企业通过投资、招工、收购等形式，切实地引导金山村干部群众认识市场、适应市场。金山村群众也以出售农产品、务工、接受培训等形式，开阔视野、实现增收，不断增强自身发展能力。此外，不同层级、不同工作背景的扶贫人员所构成的驻村扶贫工作网络，也是村里所拥有的特殊"人脉资源"，他们给金山村带来的好处更是涉及方方面面。总之，众人拾柴火焰高，正是多方力量的广泛参与，才使金山村脱贫攻坚之路越走越宽。

第二节　仍然存在的问题和困难

　　鉴于脱贫攻坚任务的紧迫和繁重，全县上下可谓"火力全开"地推进，确保全县通过2019年大考顺利"摘帽"，早已是全县上下孜孜以求的核心目标。在这样的大背景下，效率与质量之间，时间与目标之间，均势必会产生一些矛盾或问题。对此，金山村的脱贫攻坚工作客观上也有一些体现。

一　群众内生动力培育依然任重道远

　　村里群众内生动力总体不足的主要体现有两点。一是帮扶"包"得过多，可能会助长"等靠要"思想滋生。2017年以来，村里的贫困户们接受帮扶的经历，有如一部逐渐升调的乐章，从早先"若有若无"的帮扶，到如今几乎"面面俱到"的照顾。久而久之难免习惯成自然，甚至甘于"享受"这种状态，以致嫌苦怕累、嫌脏怕臭，高不成低不就的现象时有发生。

　　二是生存压力陡然消失，导致主动发展意愿薄弱。村里所开展的扶贫行动，几乎不用贫困户劳心参与"思考"。加之对一些扶贫对象而言，如今居有好房，病能报销，孩子读书国家还有补助，时不时帮扶人员还会上门嘘寒问暖"查补短板"，甚至"躺"在家中就会有分红，"感觉人生已经到达了巅峰"，易于诱发不思进取心态。

二 产业扶贫仍存在不少风险

到 2018 年末，产业项目几乎已经完全覆盖全村建档立卡贫困户。但就质量而言，仍然存在不少问题。一是与贫困户的利益联结存在明显"摊派"色彩。良性的利益联结机制是决定扶贫产业生命力长久与否的关键。然而，让村里贫困户受惠的却基本是一种政策性联结。如摆省村民组 2017 年开始发展的芽菜种植项目，按照镇部署需要利益联结 15 户 47 人，然而该项目实施不到半年即陷入事实停摆。最后，上级只能从其他渠道寻找资金来给这批贫困户"分红"。二是产业投资缺乏稳定政策支撑。以葛根项目为例，作为驻村同步小康工作组引进的种植项目，在实施之初，贵粮尚品公司抱着极大信心进行投入，并获得初步成功。但白云山镇政府对于土地流转费的补贴政策突然调整，加之政府事先承诺的灌溉水源及相关基础设施迟迟未能到位，导致企业投入成本大增。2018 年末，企业在收获完最后一季葛根后遂决定"止损"，彻底退出村葛根种植项目，留下利益联结 55 户 199 人的尴尬摊子给镇政府"接盘"。

三 村基层组织建设仍亟待加强

首先，村里从脱贫攻坚队进驻以及建立网格员管理制度以来，村两委干部们的工作相对"解脱"了一些，少了以往的琐碎和繁杂。对于村脱贫攻坚工作全盘，攻坚队实际已经基本"接管"，在多数情况下，村两委可能处于"配合""服务"地位。就制度安排而言，这虽然有其着客观必要性，但长期下来，村两委在基层组织建设及相应的能力锤炼方面难免有"弱化"风险。一旦攻坚队离开村里，必然使村两委形成一段或长或短的"空窗期"，从而影响正常"单飞"。其次，村干部们的生存压力值得关注。上面"婆婆"多，下面工作杂，一边面临领导责罚，一边承受村民指责，"四处受气"的现象对于村干部而言已是家常便饭。不仅如此，工资待遇低、工作压力大，且需要个人承担的工作成本高（如"私车公用"无车补现象），使得人心浮动，且很难吸引村中优秀的年轻人参与村务管理。

四 脱贫成果仍须巩固

金山村所取得的脱贫攻坚工作成绩来之不易，值得珍惜，更须巩固。相对而言，村脱贫成果存在的风险主要体现如下。首先，农户收入具有较大不稳定性。目前，全村所有扶贫对象都已经被养猪、养鸭、养兔等产业项目的"利益联结"所覆盖，即每一户在年终都会获得分红收入，这对于其中不少家庭而言，可能是确保收入"达标"的重要来源，但按照企业与政府事先约定，这种分红一般只持续 3 年，3 年以后企业不必继续承担。此外，作为养殖项目，企业的经营风险较大，3 年内一旦遭遇疫情打击致损失巨大，也很有可能使分红断供，从而波及相关"利益联结"户。此外，村里有组织的劳务输出就业效果也欠佳。村劳动力整体素质偏低，后期常出现不少返家现象，从而导致"颗粒无收"。其次，村里还存在一定数量家庭人均可支配收入离贫困线并不远的非贫困户，再加上部分收入不稳定的脱贫户，全村因灾、因病致贫返贫的整体风险也较高。

第三节　思考或建议

一　积极构建脱贫攻坚与乡村振兴的有效衔接，努力促进扶贫对象内生动力的培养

目前，金山村的脱贫攻坚工作已经进入收官阶段，全村实施乡村振兴战略的大幕也必将徐徐拉开。巩固既有的扶贫成果，提升脱贫质量，已不能继续依靠脱贫攻坚的工作思维，而是应遵循中央的科学判断，将推动全村实施乡村振兴作为其新阶段发展的根本载体。以整体环境的提升来承载个体的发展，才是确保精准扶贫精准脱贫工作成效

的必由之路。对此，应适时探索制度创新，推进农村产权制度改革，努力壮大农村集体经济组织，寻求构建多种类型的农民合作组织等，以推动脱贫攻坚与乡村振兴衔接更多有效载体的出现。当然，无论脱贫攻坚还是实施乡村振兴，"人"都是根本决定力量。因此，应该多制订激励措施，以增加其危机感；多推出发展平台，以增加其参与感；多宣传引导，以强化其荣辱感等，从而唤醒其主体意识和发展意识。

二 积极探索产业扶贫的可持续发展之策

金山村农业生产条件较差，农业组织化和农民职业化程度均较低，是产业发展与贫困户利益联结机制不健全的重要诱导因素。结合村产业扶贫面临的问题，一是要高度重视提质增效，并运用"八要素"①方法指导产业选择及发展；二是要加大宣传力度，努力提高扶贫对象对扶贫产业项目的知晓度，以强化其自主意识和参与意识；三是以培育现代农业经营体系为最终目标，积极在政策、融资、服务等方面充分筹划，并结合村本土资源，努力培育多元且能扎根本土的经济组织，全力推动其做强做大；四是要保持产业政策持续稳定，这其实就是保证产业扶贫主体的合理利益及其在市场上的有效竞争力，进而确保公司与扶贫对象户能形成紧密的利益共同体。

---

① 贵州农村产业革命"八要素"即产业选择、培训农民、技术服务、筹措资金、组织方式、产销对接、利益联结、基层党建。

三 强化贫困监测，形成敏锐动态的帮扶机制

为巩固脱贫成果、防止返贫或出现新的贫困，应密切关注全村范围内的新脱贫户以及低收入群体，并探索建立制定灵活多样的动态帮扶机制。一是要发挥好网格员机制，对网格内可能存在的新脱贫户，以及非贫困户中的低收入户、大病户、多子女在读户等特殊群体进行密切跟踪和排查，并实行台账管理。二是以"先防""先助"的思路，提前建立相关应对预案，以针对不同类型风险户，及时"因户施策"，防止其"跌破红线"。三是创新机制，努力拓展相关扶贫政策的覆盖面，如将以往单纯针对贫困户的扶持政策，合理转变为向低收入群体扩散的扶持政策等。

四 强化农村基层组织建设才是维护脱贫成果的根本

农村基层组织是村脱贫攻坚成果的最终守护者，也是推动实施乡村振兴的根本依托。如何持续加强其战斗堡垒作用，一直是受到各方密切关注的大问题。结合金山村两委目前的情况，可能需要从三个方面入手。一是要以提高基层干部素质为根本，持续加强教育培训。引导其不断增强使命意识和责任。二是要鼓励创新，如要进一步发掘组管委在村级事务管理中的价值作用，力争把村基层组织打造成阵容强大、高效有力的"战斗堡垒群"。三是要从改善办公条件、生活条件和工资待遇等方面入手，对村干部加强实实在在的激励关怀。

参考文献

邓维杰:《精准扶贫的难点、对策与路径选择》,《农村经济》2014 年第 6 期。

贵州省地方志编纂委员会:《贵州省减贫志》,方志出版社,2016。

黄承伟:《脱贫攻坚省级样本:精准扶贫精准脱贫贵州模式研究》,社会科学文献出版社,2016。

李培林、魏后凯、吴国宝主编《中国扶贫开发报告报告(2017)》,社会科学文献出版社,2017。

李培林、魏后凯主编《中国扶贫开发报告报告(2016)》,社会科学文献出版社,2016。

李小云:《精准扶贫才能精准脱贫》,《人民日报》2015 年11 月 6 日,第 7 版。

刘永富:《以精准发力提高脱贫攻坚成效》,《人民日报》2016 年 1 月 11 日,第 7 版。

汪三贵、郭子豪:《论中国的精准扶贫》,《贵州社会科学》2015 年第 5 期。

汪三贵、刘未:《"六个精准"是精准扶贫的本质要求——习近平精准扶贫系列论述探析》,《毛泽东邓小平理论研究》2016

年第 1 期。

王朝新、宋明:《贵州农村扶贫开发蓝皮书 2013》,知识产权出版社,2013。

王国勇、邢溦:《我国精准扶贫工作机制问题探析》,《农村经济》2015 年第 9 期。

习近平:《在深度贫困地区脱贫攻坚座谈会上的讲话》,《人民日报》2017 年 9 月 1 日,第 2 版。

习近平:《中国共产党第十九次全国代表大会报告》,2017 年 10 月 18 日。

《习近平论扶贫工作——十八大以来重要论述摘编》,《党建》2015 年第 12 期。

《中共贵州省委办公厅 贵州省人民政府办公厅关于印发〈贵州省扶贫对象精准识别和脱贫退出程序暂行管理办法〉的通知》(黔委厅〔2016〕35 号)。

《中共贵州省委办公厅 贵州省人民政府办公厅关于印发〈贵州脱贫攻坚工作督查实施办法〉的通知》(黔委厅〔2016〕26 号)。

《中共贵州省委办公厅 贵州省人民政府办公厅印发〈关于扶持生产和就业推进精准扶贫的实施意见〉等扶贫工作政策举措的通知》(黔党发〔2015〕40 号)。

《中共贵州省委贵州省人民政府关于贯彻落实〈中国农村扶贫开发纲要(2011~2020)〉的实施意见》,2016 年 10 月。

《中共中央 国务院关于打赢脱贫攻坚战的决定》(中发〔2015〕34 号)。

《中共中央办公厅 国务院办公厅关于印发〈省级党委和政府

扶贫开发工作成效考核办法〉的通知》（厅字〔2016〕6 号）。

《中共中央办公厅 国务院办公厅印发〈关于建立贫困退出机制的意见〉的通知》（厅字〔2016〕16 号）。

后 记

    感恩生逢这个伟大的时代，让我们能有幸融入这场自古以来规模最为庞大的人类反贫困行动之中。短短几年时间，这个黔南民族村从"烂山"变成"金山"的巨变也许就是贵州省数以千计的贫困村圆"脱贫梦"的一个缩影。

    我们与金山村的"缘分"，不知不觉已经持续了三个半年头。这期间，我们经历了从驻村同步小康工作组到脱贫攻坚队、网格员管理，从工作机制到参与人数的"升级换代"，不仅目睹了村里为了"不丢下一个贫困群众"所开展的艰辛细致的识别及退出工作，更是见证了在产业扶贫、就业扶贫、易地扶贫搬迁、生态扶贫，以及危房改造、教育医疗保障、社会兜底等扶贫政策的助推下，村里所发生的深刻变化。这些都可以具体到那些调研之初所结识的不少村民身上：有的从原来"跑风漏雨"的破屋迁入宽敞明亮的新居；有的在蔬菜基地、周边工厂等就业岗位辛勤劳作，并领到月薪……这些变化令我们为之感慨振奋。这些活生生的实例无不证明党中央实施精准扶贫精准脱贫方略的伟大胜利，更是佐证广大扶贫工作者的艰辛付出没有浪费。也让我们看到对于基层脱贫攻坚战而言，县委、县政府所起到的"司令部"作用，以及乡镇党政干部所发挥的关键桥梁作用。

也许，金山村的脱贫攻坚工作不一定完美，但绝不影响其在大局上的胜利，让我们一起祝福这个纯朴、和谐且充满希望的山村吧，愿她的明天更加美好！

最后，我们还要衷心感谢中共长顺县委、县政府有关领导对项目调查的关心支持。感谢县扶贫局（后改为"县扶贫办"）两任主要领导及同志们的大力支持。感谢白云山镇党政主要领导以及白云山镇扶贫工作站同志们积极组织座谈、提供相关资料、联络相关人员。同时，还要感谢贵州大学徐丽、朱晓等几位硕士研究生参与问卷调查工作。最后的最后，还要衷心感谢中国社科院农村发展研究所于法稳、檀学文等审稿专家提出的宝贵修改意见。

韩 缙 李 静

2020 年 8 月 19 日

图书在版编目 (CIP) 数据

精准扶贫精准脱贫百村调研. 金山村卷：烂山变金山的富裕之路 / 韩缙，李静著. -- 北京：社会科学文献出版社，2020.10

ISBN 978-7-5201-7513-5

Ⅰ. ①精… Ⅱ. ①韩… ②李… Ⅲ. ①农村 - 扶贫 - 调查报告 - 长顺县 Ⅳ. ①F323.8

中国版本图书馆CIP数据核字（2020）第207439号

·精准扶贫精准脱贫百村调研丛书·

精准扶贫精准脱贫百村调研·金山村卷

——烂山变金山的富裕之路

著　者 / 韩 缙　李 静

出 版 人 / 谢寿光

组稿编辑 / 邓泳红

责任编辑 / 王 展

出　　版 / 社会科学文献出版社·皮书出版分社（010）59367127
　　　　　地址：北京市北三环中路甲29号院华龙大厦　邮编：100029
　　　　　网址：www.ssap.com.cn

发　　行 / 市场营销中心（010）59367081　59367083

印　　装 / 三河市东方印刷有限公司

规　　格 / 开 本：787mm×1092mm 1/16
　　　　　印 张：13　字 数：123千字

版　　次 / 2020年10月第1版　2020年10月第1次印刷

书　　号 / ISBN 978-7-5201-7513-5

定　　价 / 59.00元